PESQUISA SOCIAL

Dados Internacionais de Catalogação na Publicação (CIP)
(Câmara Brasileira do Livro, SP, Brasil)

Maria Cecília de Souza Minayo
Pesquisa social : teoria, método e criatividade /
Maria Cecília de Souza Minayo (org.); Suely Ferreira Deslandes;
Romeu Gomes. – Petrópolis, RJ : Vozes, 2016.

9ª reimpressão, 2025.

ISBN 978-85-326-5202-7

1. Ciências sociais – Metodologia 2. Ciências sociais – Pesquisa
3. Criatividade I. Gomes, Romeu II. Minayo, Maria Cecília de Souza
III. Título.

92.0274 CDD-300.72

Índices para catálogo sistemático:

1. Ciências sociais : Pesquisa 300.72

PESQUISA SOCIAL

TEORIA, MÉTODO E CRIATIVIDADE

Maria Cecília de Souza Minayo (org.)
Suely Ferreira Deslandes
Romeu Gomes

EDITORA VOZES

Petrópolis

Rua Frei Luís, 100
25689-900 Petrópolis, RJ
www.vozes.com.br
Brasil

Editoração: Israel Vilas Bôas
Diagramação: Editora Vozes
Revisão gráfica: Nilton Braz da Rocha
Capa: Larissa Sugahara

ISBN 978-85-326-5202-7

Este livro foi composto e impresso pela Editora Vozes Ltda.

SUMÁRIO

Apresentação 7

1 – O desafio da pesquisa social **9**

1.1 Ciência e cientificidade 9

1.2 Conceito de metodologia de pesquisa 17

1.3 Pesquisa qualitativa no campo das ciências sociais 25

1.4 Ciclo de pesquisa qualitativa 31

1.5 Referências 34

1.6 Referências comentadas 35

2 – O projeto de pesquisa como exercício científico e artesanato intelectual **37**

2.1 Introdução 37

2.2 Dimensões de um projeto de pesquisa 39

2.3 Os propósitos e a trajetória da elaboração de um projeto de pesquisa 41

2.4 Os elementos constitutivos de um projeto de pesquisa 46

2.5 Questões éticas do projeto de pesquisa 67

2.6 A apresentação de um projeto de pesquisa 67

2.7 Referências 70

3 - Trabalho de campo: contexto de observação, interação e descoberta **73**
3.1 Introdução 73
3.2 Entrevista como técnica privilegiada de comunicação 77
3.3 Observação participante 84
3.4 Consolidação do trabalho de campo 91
3.5 Referências.................................. 93
3.6 Referências comentadas...................... 93

4 - Análise e interpretação de dados de pesquisa qualitativa..............................**95**
4.1 Início de conversa.......................... 95
4.2 Análise de conteúdo......................... 99
4.3 O método de interpretação dos sentidos..... 116
4.4 Considerações finais 125
4.5 Referências................................ 127

APRESENTAÇÃO

Querido jovem estudante,

Apresentamos a você o livro *Pesquisa social: teoria, método e criatividade* neste novo formato para integrar a "Série Manuais Acadêmicos" da Editora Vozes. Pela experiência que nós autores tivemos a partir das edições anteriores, ousamos dizer que nosso encontro foi positivo e profícuo. Gostaríamos de continuar esse diálogo com você, fazendo alguns aperfeiçoamentos nesta pequena obra. Esse movimento de aprimoramento deixa claro que, até quando tratamos de métodos e de regras para a produção científica, existem mudanças, pois o método não se separa da realidade a quem serve como caminho do pensamento: é nesse sentido e nesse propósito que nos empenhamos na revisão, sem modificar o formato simples e didático de tratar a tarefa fascinante e artesanal de pesquisar.

Ressaltamos que teoria, método e criatividade, os enunciados que estão no subtítulo deste pequeno livro, são os três ingredientes ótimos que, quando bem combinados, produzem conhecimentos e dão continuidade à tarefa dinâmica de descobrir as entranhas do mundo e da sociedade. Deles discorreremos em outro momento.

Você verá que este trabalho tem duas tônicas. A primeira parte é mais teórica e abstrata, porquanto o introduzirá às questões polêmicas do mundo científico e aos conceitos básicos de pesquisa, particularmente da pesquisa social. A segunda parte é mais técnica: ela ensina como fazê-la. No entanto, ela está intimamente ligada com o assunto tratado na primeira etapa, pois articula teoria e prática de pesquisa. Para sermos mais precisos, as orientações começam num movimento de grande abertura, colocando você, jovem pesquisador, no universo do debate acadêmico a respeito da descoberta científica e, em seguida, focalizam como trilhar os caminhos das descobertas.

Dada a peculiaridade dos instrumentos de tratamento qualitativo em pesquisa social, julgou-se conveniente determo-nos neles com mais profundidade, remetendo o estudo das técnicas de pesquisa quantitativa para outro livro.

Os autores deste estudo somos todos estudiosos com longa experiência de trabalho em pesquisa. Falamos a partir de nossa própria vivência de produção intelectual e buscaremos compartilhar com você nossas indagações, nossos percursos e nossas descobertas.

Seja bem-vindo a estas páginas. Esperamos o encontro de seu olhar curioso com o nosso e, sobretudo, esperamos suas perguntas e questionamentos. Como muito bem disse o grande filósofo Heidegger, "a pergunta é a devoção do pensamento!" Portanto, todo pesquisador é um insistente indagador!

Os autores

1

O DESAFIO DA PESQUISA SOCIAL

Maria Cecília de Souza Minayo

1.1 Ciência e cientificidade

Do ponto de vista antropológico, pode-se dizer que o *homo sapiens* sempre se preocupou com o conhecimento da realidade.

As tribos primitivas, por intermédio dos mitos, explicaram e continuam a explicar os fenômenos que cercam a vida e a morte, o lugar dos indivíduos na organização social, seus mecanismos de poder, controle e reprodução. Dentro de dimensões históricas imemoriais até nossos dias, as religiões e filosofias têm sido poderosos instrumentos explicativos dos significados da existência tanto individual como coletiva. A poesia e a arte continuam a desvendar lógicas profundas e insuspeitadas do inconsciente coletivo, da vida cotidiana e do destino humano. Nesse universo de vários tipos de saberes, a ciência é apenas uma forma de expressão dessa busca não exclusiva, não conclusiva e não definitiva de conhecimentos.

Na sociedade ocidental, no entanto, a ciência é a forma hegemônica de construção da realidade. Sabemos que, na atualidade, quase tudo o que possuímos, consumimos e até pensamos – o telefone celular, a televisão, o carro, o GPS, os medicamentos, os cosméticos, as diversas expressões culturais, a linguagem, e assim por diante – está impregnado por algum tipo de conhecimento científico que qualifica os objetos, o uso que deles fazemos e as concepções que temos quanto à sua utilidade e moralidade. Portanto, nossa sociedade, na prática, consagrou a ciência como o carro-chefe de seu próprio desenvolvimento.

No entanto, para muitos críticos, a própria ciência é um mito moderno por sua pretensão de único promotor e critério de verdade, pois ela, ao mesmo tempo em que se desenvolve, cria novos riscos sociais. E para problemas essenciais com os quais convivemos como a pobreza, a miséria, a fome e a violência, a ciência continua sem respostas e sem propostas, pois embora elas dependam de decisões de inteligência e de técnica, dependem de igual modo, principalmente, da política e do domínio do poder.

São muitas as explicações históricas para a hegemonia da ciência sobre outras formas de conhecimento. Mencionaremos duas razões: a primeira, de ordem externa a ela própria, diz respeito à sua capacidade de responder a questões técnicas e práticas postas pelo desenvolvimento industrial e pós-industrial. O mais relevante dessa situação é que a ciência e a tecnologia, ao final do século XX, tornaram-se as grandes protagonistas das inovações que, num movimento recursivo, retornam como desafios para seus campos específicos. É o que se atesta a partir do incomparável desenvolvimento da microeletrônica, das áreas de informação e comunicação e da biologia. A interação entre o conhecimento gerado e os artefatos construídos é um capítulo fundamental nas profundas transformações contemporâneas que trazem novas indagações, mormente para as ciências sociais.

A segunda razão, de ordem interna, consiste no fato de os cientistas terem conseguido estabelecer uma linguagem fundamentada em conceitos, métodos e técnicas para compreensão do mundo, das coisas, dos fenômenos, dos processos e das relações. Essa linguagem é usada de forma coerente, controlada e instituída por uma comunidade que a controla e administra sua reprodução.

O campo científico, apesar de sua normatividade, é permeado por conflitos e contradições. Ele é representado por disciplinas que são construções intelectuais que tomam para si uma região particular do conhecimento e apresentam teorias, métodos e fronteiras próprias; portanto, sua constituição define o que se pensa e como se pensa, bem como o que se ensina e o que não é de sua competência. Afirmar o que uma disciplina é significa dizer que ela não é igual a nenhuma outra.

Assim, a fim de nomear apenas uma das controvérsias que aqui nos interessa, pode-se citar o grande embate acerca da cientificidade das ciências sociais, quando comparadas com as ciências da natureza. Há os que buscam a uniformidade dos procedimentos para compreender o natural e o social como condição indispensável para atribuir o estatuto de "ciência" ao campo social. Por outro lado, há os que reivindicam a mais completa diferença e especificidade do campo humano.

Paul de Bruyne *et al.* (1995) advogam que a ideia da cientificidade comporta, ao mesmo tempo, um polo de unidade e um polo de diversidade. Ou seja, existe possibilidade de encontrarmos semelhanças relativamente profundas em todos os empreendimentos que se instituíram a partir da ideia geral de um conhecimento construído por meio de conceitos, seja de caráter sistemático, seja de caráter exploratório e dinâmico. Essa ideia representa uma tradição geral de autorregulação do processo de construção de conhecimento. Mas, por outro lado, a cientificidade não pode ser reduzida a uma forma determinada de conhecer: ela contém em si, por assim dizer, diversas maneiras concretas e potenciais de realização.

Tal reflexão se torna particularmente fundamental para nosso objeto de estudo neste pequeno livro, a *pesquisa social.* A enorme interrogação em torno da cientificidade das ciências sociais se desdobra em várias questões. A primeira diz respeito à possibilidade concreta de tratarmos de uma realidade da qual nós próprios, na condição de seres humanos, somos agentes: essa ordem de conhecimento não escaparia radicalmente a toda possibilidade de objetivação?

Em segundo lugar está a identidade do campo: será que, ao buscar a objetivação que é própria das ciências naturais, não estaríamos descaracterizando o que há de essencial nos fenômenos e nos processos sociais, ou seja, o profundo sentido da subjetividade na construção da cultura?

Por fim, e em terceiro lugar, qual método geral nós poderíamos propor para explorar uma realidade tão marcada pela especificidade e pela diferenciação? Como garantir a possibilidade de um acordo fundado numa partilha de princípios e não de procedimentos?

Resumimos as várias respostas dizendo que as ciências sociais hoje, como no passado, continuam gerando conhecimento. E que seu dilema não é o de copiar os caminhos das ciências naturais e sim o de encontrar seu núcleo mais profundo de contribuição na construção do campo científico.

Mas sua situação não é fácil, tampouco simples. Primeiro porque as ciências da natureza são pioneiras e as estrelas da ideia de cientificidade, embora não esteja definido que elas já atingiram sua expressão adequada. A física quântica, com suas descobertas e as teorias sistêmicas com o aprofundamento dos tratamentos complexos, dentre outros temas científicos, revoluciona em seu próprio campo as ideias de espaço, de tempo e de relações sujeito-objeto.

A cientificidade, portanto, tem de ser pensada como uma ideia reguladora de alta abstração e não como sinônimo de modelos e normas a serem seguidos. A história da ciência revela não um "*a priori*", mas o que foi produzido em determinado momento histórico com toda a relatividade do processo de conhecimento.

Poderia se dizer, nesse sentido, que o labor científico caminha sempre em duas direções: numa, elabora suas teorias, seus métodos, seus princípios e estabelece seus resultados; noutra, inventa, ratifica seu caminho, abandona certas vias e encaminha-se para certas direções privilegiadas. E, ao fazer tal percurso, os investigadores aceitam os critérios da historicidade, da colaboração e, sobretudo, revestem-se da humildade de quem sabe que todo conhecimento é aproximado e construído e, portanto, passível de mudanças.

Ora, se existe uma ideia de devir no conceito de cientificidade, não se pode trabalhar, nas ciências sociais, apenas com a norma da cientificidade já construída. A pesquisa social se faz por aproximação, mas, ao progredir, elabora critérios de orientação cada vez mais precisos. Conforme lembram Bruyne *et al.* (1995),

> na realidade histórica de seu devir, o procedimento científico é, ao mesmo tempo, aquisição de um saber, aperfeiçoamento de uma metodologia, elaboração de uma norma (Bruyne *et al.*, 1995, p. 16).

Obviamente isto se faz dentro da especificidade que as ciências sociais representam no campo do conhecimento. Por isso, para delas discorrermos, dentro de suas peculiaridades, retomaremos critérios gerais que as distinguem e que se encontram em autores como Demo (1995) e Minayo (2012, 2014) sem, contudo, desvinculá-las dos princípios de cientificidade.

O objeto das ciências sociais é *histórico*. Isto significa que cada sociedade humana existe e se constrói num determinado espaço e se organiza de forma particular e diferente de outras. Por sua vez, todas as que vivenciam a mesma época histórica têm alguns traços comuns, dado o fato de que vivemos num mundo marcado pelo influxo das comunicações. De igual maneira, as sociedades vivem o presente marcado por seu passado, e é com tais determinações que constroem seu futuro, numa dialética constante entre o que está dado e o que será fruto de seu protagonismo. Portanto, a provisoriedade, o dinamismo e a especificidade são características de qualquer questão social. Por isso, também, as crises têm reflexo tanto no seu desenvolvimento como na decadência das teorias sociais que as explicam (pois estas também são históricas).

Como consequência da primeira característica, é importante dizer que o objeto de estudo das ciências sociais possui *consciência histórica.* Noutras palavras, não é apenas o investigador que tem capacidade de dar sentido ao seu trabalho intelectual. Todos os seres humanos, em geral, assim como grupos e sociedades específicas dão significado a suas ações e a suas construções, são capazes de explicitar as intenções de seus atos e de projetar e planejar seu futuro dentro de um nível de racionalidade, o qual está sempre presente nas ações humanas. O nível de consciência histórica das ciências sociais está referido ao nível de consciência histórica da sociedade de seu tempo, embora esses dois níveis não se confundam.

Em terceiro lugar, é preciso ressaltar que nas ciências sociais existe uma *identidade entre sujeito e objeto.* A pesquisa nessa área lida com seres humanos que, por razões culturais de classe, de faixa etária, ou por qualquer outro motivo, têm um substrato comum de identidade com o investigador, tornando-os solidariamente imbricados e comprometidos, como lembra Lévy-Strauss (1975):

> Numa ciência, onde o observador é da mesma natureza que o objeto, e o observador é, ele próprio, uma parte de sua observação (Strauss, 1975, p. 215).

Outro aspecto distintivo das ciências sociais é o fato de que ela é *intrínseca e extrinsecamente ideológica.* Na verdade, não existe uma ciência neutra. Toda ciência – embora mais intensamente as ciências sociais – passa por interesses e visões de mundo historicamente criadas, embora suas contribuições e seus efeitos teóricos e técnicos ultrapassem as intenções de seus próprios autores. No entanto, as ciências físicas e biológicas participam de forma diferente da ideologia social (*e.g.*, na escolha de temas considerados relevantes e em outros que são descartados, na escolha de métodos e técnicas há influências econômicas, culturais etc.), em virtude da própria natureza do objeto que elas colocam ao investigador. Na investigação social, a relação entre o pesquisador e seu campo de estudos se estabelece em definitivo. A visão de mundo de ambos está implicada em todo o processo de conhecimento, desde a concepção do objeto aos resultados do trabalho e à sua aplicação. Ou seja, a relação, neste caso, entre conhecimento e interesse deve ser compreendida como critério de realidade e de busca por objetivação.

Por fim, é preciso afirmar que o objeto das ciências sociais é *essencialmente qualitativo*. A realidade social é a cena e o seio do dinamismo da vida individual e coletiva com toda a riqueza de significados dela transbordante. Essa mesma realidade é mais rica que qualquer teoria, qualquer pensamento e qualquer discurso que possamos elaborar a seu respeito. Portanto, os códigos das ciências que, por sua natureza, são sempre referidos e recortados, são incapazes de conter a totalidade da vida social. As ciências sociais, no entanto, gozam de instrumentos e de teorias capazes de fazer uma aproximação da suntuosidade da existência dos seres humanos em sociedade, ainda que de forma incompleta, imperfeita e insatisfatória. Para isso, elas tratam do conjunto de expressões humanas constantes nas estruturas, nos processos, nas representações sociais, nas expressões da subjetividade, nos símbolos e nos significados.

Este pequeno livro trata do caráter especificamente qualitativo das ciências sociais e da metodologia apropriada para reconstruir em termos teóricos os processos, as relações, os símbolos e os significados da realidade social.

1.2 Conceito de metodologia de pesquisa

Entendemos por metodologia o caminho do pensamento e a prática exercida no tratar da realidade. Ou seja, a metodologia inclui simultaneamente a teoria da abordagem (o método), os instrumentos de operacionalização do conhecimento (as técnicas) e a criatividade do pesquisador (sua experiência, sua capacidade crítica e sua sensibilidade). A metodologia ocupa um lugar central no interior das teorias e está referida a elas. Dizia Lenin (1965) que "o método é a alma da teoria" (Lenin, 1965, p. 148), distinguindo a forma externalizada com que muitas vezes o processo de trabalho científico é tratado. Esta externalidade se manifesta quando apenas usamos técnicas e instrumentos para chegar ao conhecimento sem entrar no mérito do sentido das indagações ou sem levar em conta os conceitos e hipóteses que as fundamentam. Na verdade, a metodologia é muito mais que técnicas. Ela inclui as concepções teóricas da abordagem, articulando-se com a teoria, com a realidade empírica e com os pensamentos acerca da realidade.

Na condição de abrangência de concepções teóricas de abordagem, a teoria e a metodologia caminham juntas, de forma inseparável. Na condição de conjunto de técnicas, a metodologia deve dispor de um instrumental claro, coerente, elaborado, capaz de encaminhar as dificuldades teóricas para o desafio da prática.

O endeusamento das técnicas produz um formalismo árido ou respostas estereotipadas. Seu desprezo, ao contrário, leva ao empirismo sempre ilusório em suas conclusões, ou a especulações abstratas e estéreis.

Nada substitui, no entanto, a criatividade do pesquisador. Feyerabend, num trabalho denominado *Contra o método* (1989), observa que o progresso da ciência está associado mais à violação das regras do que à sua observância.

> Dada uma regra qualquer, por mais fundamental e necessária que se afigure para a ciência, sempre haverá circunstâncias em que se torna conveniente não apenas ignorá-la como adotar a regra oposta (Feyerabend, 1989, p. 51).

Em *Estrutura das revoluções científicas* (1978), Thomas Kuhn reconhece que nos diversos momentos históricos e nos diferentes ramos da ciência há um conjunto de crenças, visões de mundo e de processos de trabalho em pesquisa consagrados, reconhecidos e legitimados pela comunidade científica, configurando o que ele chama de paradigma.

Para Kuhn (1978), no entanto, o progresso da ciência se faz pela quebra dos paradigmas, pela incessante discussão das teorias e dos métodos, até que, por fim, haja uma verdadeira revolução científica.

O método, dizia o historicista Dilthey (1956), é necessário por causa de nossa "mediocridade". Dilthey quis dizer que, como não somos gênios, precisamos de parâmetros para caminhar na produção de um conhecimento que acrescente algo ao acervo das descobertas de nossa área. No entanto, e apesar de tudo, a marca da criatividade é nossa "grife" (ou seja, nossa experiência, intuição, capacidade crítica de comunicação e de indagação) em qualquer trabalho de investigação.

Pesquisa

Entendemos por *pesquisa* a atividade básica da ciência na sua indagação e construção da realidade. É a pesquisa que alimenta a atividade de ensino e a atualiza frente à realidade do mundo. Portanto, embora seja uma prática teórica, a pesquisa vincula pensamento e ação. Ou seja, *nada pode ser, em termos intelectuais, um problema, a menos que tenha sido, em primeiro lugar, um problema da vida prática.* As questões da investigação estão, portanto, relacionadas a interesses e circunstâncias socialmente condicionadas. São frutos de determinada inserção na vida real, nela encontrando suas razões e seus objetivos.

Em síntese, toda investigação se inicia por uma questão, por um problema, por uma pergunta, por uma dúvida. A resposta a esse movimento do pensamento geralmente se vincula a conhecimentos anteriores ou demanda a criação de novos referenciais.

Teorias

Os conhecimentos que foram construídos cientificamente a respeito de determinado assunto por outros estudiosos que o trataram antes de nós e lançam luz acerca de nossa pesquisa são chamados *teorias.* A palavra *teoria* tem origem no verbo grego *theorein*, cujo significado é "ver". A associação entre "ver" e "saber" é uma das bases de qualquer ciência.

A teoria é construída para explicar ou para compreender um fenômeno, um processo ou um *conjunto* de fenômenos e processos. Este conjunto constitui o *domínio empírico* da teoria (ou seja, a dinâmica da prática que ela explica ou interpreta). A teoria propriamente dita sempre será um conjunto de proposições, um discurso abstrato acerca da realidade. Há grandes teorias, conhecidas por *macroteorias*, que são verdadeiras narrativas ou discursos escritos por cientistas sociais muito importantes, autores de referência, a fim de interpretar a realidade. Com certeza todos já ouviram falar em *positivismo, marxismo, teoria da ação, compreensivismo*. Essas são as principais teorias das ciências sociais. Mas há também teorias menores que, em geral sob o guarda-chuva das grandes narrativas, explicam ou interpretam fenômenos específicos e particulares.

Usualmente, várias teorias competem entre si para explicar ou para ajudar o pesquisador a compreender determinada questão. Muitas vezes também existem problemas novos para os quais não foram desenvolvidas teorias específicas. Nesse último caso, costumamos trabalhar com o conceito de *pesquisa exploratória*, na qual o investigador propõe aos poucos um novo discurso interpretativo para o fenômeno que descreve.

Nenhuma teoria, por mais bem-elaborada que seja, dá conta de explicar ou de interpretar todos os fenômenos e processos, sejam eles sociais ou de qualquer outro campo científico, pelas mais variadas razões. Primeiro porque a realidade não é transparente, isto é, ela é sempre mais rica e mais complexa do que nosso limitado olhar e nosso restrito saber. Segundo porque a eficácia da prática científica se estabelece não pelo perguntar a respeito de tudo, e sim pelo recorte de determinado aspecto significativo da realidade, por sua observação e compreensão para que, a partir dele, seja possível buscar suas interconexões sistemáticas com o contexto.

Teorias, portanto, são explicações da realidade. Elas cumprem funções muito importantes:

a) Colaboram para melhor esclarecer o objeto de investigação.

b) Ajudam a levantar questões, a focalizar o problema ou as perguntas e a estabelecer hipóteses com mais propriedade.

c) Permitem maior clareza na organização dos dados.

d) Iluminam a análise dos dados, embora não possam direcionar por completo essa atividade. Uma conclusão científica deve beneficiar-se dos achados empíricos e trazer uma novidade como fruto do estudo, do contrário não haverá originalidade e contribuição específica para a construção do conhecimento do objeto.

Em resumo, uma *teoria* é uma espécie de grade a partir da qual olhamos e "enquadramos" a interpretação da realidade. Ela é um conhecimento, mas não deve ser uma camisa de força. Ela é feita a partir de um conjunto de *proposições*. Quer dizer, ela é um discurso sistemático que orienta o olhar sobre o problema em pauta, a obtenção e a análise dos dados.

Proposições

Proposições são declarações afirmativas, são hipóteses comprovadas acerca de fenômenos ou processos acerca dos quais nos interrogamos. As *proposições* que compõem uma teoria devem ter como características básicas:

- A capacidade de lançar luz sobre questões reais.
- Clareza e inteligibilidade.
- Precisão em apresentar as relações abstratas entre elementos, fatos e processos que buscam explicar ou interpretar.

Ao estabelecer um conjunto de proposições logicamente relacionadas, a teoria constrói um *discurso* que deve apresentar as seguintes características: ordenação do que é principal e do que é derivado ou secundário, apresentação sistemática do pensamento e sua articulação com o real em sua concretude. A proposta de uma *teoria* é ser compreendida pelos membros de uma comunidade acadêmica que têm formação em determinado campo científico para entender e seguir o raciocínio da reflexão e sua vinculação com o mundo da vida.

Se quisermos, portanto, trilhar a carreira de pesquisador, temos de nos aprofundar nas obras dos diferentes autores que trabalham com os temas que nos preocupam, até mesmo com aqueles que desenvolvem ou abraçam teorias com as quais não concordamos ideologicamente. O bom pesquisador é o que indaga muito, lê com profundidade para entender o pensamento dos autores, tem senso crítico frente ao que lê e elabora sua proposta de pesquisa de forma pessoal e criativa, porquanto informado pelas teorias (não escravo delas).

Quando investimos na compreensão do campo científico das ciências sociais em temas específicos já tratados e questionados por antecessores e contemporâneos, nós nos elevamos à categoria de membros dessa comunidade.

Assim, teoricamente informados, colocamo-nos lado a lado com os que estudam questões fundamentais da sociedade humana de nosso tempo. Desta forma, *o domínio de teorias* fundamenta nosso *caminho do pensamento e da prática teórica*, além de constituir o plano interpretativo para nossas indagações de pesquisa, seja para desenvolvê-las e respondê-las, ou para, a partir delas, propor um novo discurso. Uma pesquisa sem teoria corre o risco de ser uma simples opinião pessoal a respeito da realidade observada.

Conceitos

Os termos mais importantes de um discurso científico são os *conceitos*. Conceitos são vocábulos ou expressões carregados de sentido, em torno dos quais existe muita história e muita ação social. Por exemplo, o conceito de *mudança*: ele não é apenas uma palavra. Nele se concentra muita teoria, muitas representações da realidade, muita posição política e muita história. A teoria *positivista* define mudança de um jeito totalmente diferente da teoria *da ação social*, da teoria compreensiva ou da teoria *marxista*.

Em seu aspecto cognitivo, o *conceito* é delimitador *e* focalizador do tema em estudo. Costumamos aconselhar aos que se aventuram a fazer um projeto de pesquisa que, quando formularem seu objeto de estudo, logo em seguida conceituem, em detalhes, cada um dos termos que constam na definição de suas propostas. Vamos a um exemplo. Será estudado o "comportamento dos adolescentes masculinos, futuros pais, quando descobrem que sua namorada ficou grávida". Este é o objeto. Este é o problema de pesquisa.

Conceituá-lo é discutir os seguintes termos: comportamento sexual de adolescentes masculinos; paternidade na adolescência; relações sexuais entre adolescentes; gravidez na adolescência. O pesquisador que assumir tal objeto de pesquisa deve partir para uma busca bibliográfica acerca de cada uma das expressões citadas e trabalhá-las historicamente, com as divergências e convergências teóricas a respeito do assunto, para só depois apresentar sua posição e suas hipóteses.

Quando delimitado, todo *conceito* deve ser valorativo, pragmático e comunicativo. *Valorativo*, no sentido de que o pesquisador precisa explicitar a que corrente teórica os conceitos que adotou estão filiados. *Pragmáticos*, no que se refere à sua capacidade de serem operativos para descrever e interpretar a realidade. *Comunicativos*, ou seja, claros, precisos, abrangentes e, ao mesmo tempo, específicos, para serem entendidos pelos interlocutores da pesquisa.

Há vários tipos de conceitos que podem ser classificados como teóricos, como conceitos de observação direta ou como conceitos de observação indireta.

a) Conceitos teóricos: são os que compõem e estruturam o discurso da pesquisa; eles permanecem no nível da abstração.

b) Conceitos de observação direta: são os que definem os termos com os quais o pesquisador trabalha em campo ou nas análises documentais.

c) Conceitos de observação indireta: são os que fazem a relação do contexto da pesquisa com os conceitos de observação direta (cf. Kaplan, 1972).

É muito importante ter em mente que o discurso teórico e conceitual não é um jogo de palavras. Ao contrário, lembram-nos grandes pesquisadores, como Malinowski (1984), que todo bom pesquisador prepara antes e muito bem seus instrumentos teóricos para compreender e interpretar a realidade. Essa preparação é imprescindível a qualquer trabalho científico de qualquer campo. Embora o mesmo autor advirta, o investigador deve sempre relativizar seus cuidadosos marcos teóricos em favor dos achados que a realidade empírica lhe trouxer. A capacidade de realizar esse balanço flexível entre a teoria e a realidade é a medida do êxito dos cientistas sociais. Ou seja, teorias e conceitos não são camisas de força, são camisas, sim, produzidas a partir de um tecido que adequa o corpo ao ambiente e protege o pesquisador das intempéries de seus julgamentos solitários, valorizando sua contribuição.

1.3 Pesquisa qualitativa no campo das ciências sociais

A pesquisa qualitativa responde a questões muito particulares. Ela se ocupa, dentro das ciências sociais, com o universo dos significados, dos motivos, das aspirações, das crenças, dos valores e das atitudes. Esse conjunto de fenômenos humanos é entendido aqui como parte da realidade social, pois o ser humano se distingue não só por agir, mas também por pensar a respeito do que faz e por interpretar suas ações dentro e a partir da realidade vivida e compartilhada com seus semelhantes. O universo da produção humana que pode ser resumido no mundo das relações, das representações e da intencionalidade e é objeto da pesquisa qualitativa dificilmente pode ser traduzido em números e indicadores quantitativos. Por isso não existe um *continuum* entre abordagens quantitativas e qualitativas, como muita gente propõe, criando uma hierarquia ideológica no campo científico: em primeiro lugar, estariam as pesquisas quantitativas por serem consideradas "objetivas". Já as qualitativas ficariam no final da escala, ocupando um lugar auxiliar e exploratório, porque reconhecidas como "subjetivas e impressionistas".

A pesquisa social empírica e compreensiva é realizada por pesquisadores de diferentes campos (história, sociologia, antropologia, saúde pública, psicologia e até mesmo administração). Geralmente, as estratégias usadas para a coleta ou geração de material são várias: observação, entrevista, grupos focais, uso de material secundário, entre outros. Os estudiosos costumam valer-se de diferentes instrumentos de registro: anotações, gravações, fotografias, por exemplo. Existe ainda uma diversidade de maneiras de tratar o material, como se constata nas análises de conteúdo, de enunciação, de discurso, nas análises fenomenológicas e hermenêutico-dialéticas, sendo que cada uma das modalidades se filia a teorias específicas. A variedade de técnicas e de referenciais evidencia que cada tipo de estudo, de teoria ou de método deve adequar-se à compreensão do objeto – que é sempre sujeito, por trabalharmos com seres humanos (cf. Minayo; Guerriero, 2014).

É preciso dizer que dentro do campo das ciências sociais há pesquisadores que só trabalham com a abordagem quantitativa e outros que usam a qualitativa. É importante ressaltar também que o foco nos estudos qualitativos traz uma diferença em relação aos trabalhos quantitativos que não é de *hierarquia* e sim de *natureza*. Enquanto os cientistas sociais que trabalham com estatística visam a criar modelos abstratos ou a descrever e explicar fenômenos que produzem regularidades, as quais são recorrentes e exteriores aos sujeitos, a abordagem qualitativa se aprofunda no mundo dos significados. Esse nível de realidade não é visível; precisa ser exposto e interpretado, em primeira instância, pelos próprios pesquisados (Minayo, 2012, 2014) e, em segunda instância, por um processo compreensivo e interpretativo contextualizado.

Os dois tipos de abordagem e os dados delas advindos, porém, não são incompatíveis. Entre eles existe uma oposição complementar que, quando bem trabalhada tanto na teoria quanto na prática, produz riqueza de informações, aprofundamento e maior fidedignidade interpretativa. Mas essa é uma opinião nossa, e tal afirmação tem muitas controvérsias entre teóricos e pesquisadores. As divergências quase sempre ocorrem no debate entre correntes de pensamento, de modo que as principais entre elas serão citadas a seguir.

Positivismo

A principal influência do *positivismo* que domina a visão de vários campos científicos e está presente também nas ciências sociais consiste na usação da filosofia e dos conceitos matemáticos para a explicação da realidade. Sua consequência é a apropriação da linguagem de variáveis para especificar atributos e qualidades do objeto de investigação. Os fundamentos da pesquisa quantitativa nas ciências sociais são os próprios princípios clássicos usados nas ciências da natureza:

a) O mundo social opera de acordo com leis causais.

b) O alicerce da ciência é a observação sensorial.

c) A realidade consiste em estruturas e instituições identificáveis "a olhos desarmados", de um lado, e de crenças e valores, de outro. Essas duas ordens de coisas se relacionam para fornecer generalizações e regularidades.

d) São reais para as ciências sociais positivistas tão somente os "dados visíveis e identificáveis". Valores e crenças só podem ser compreendidos por intermédio dos primeiros e, por conta disso, devem ser desprezados como objetos específicos de pesquisa.

e) Os dados recolhidos da realidade empírica das estruturas e das instituições são suficientes para explicar a realidade social.

Objetividade

No cerne da defesa de que o método quantitativo é suficiente para explicar a realidade social está a discussão em torno da *objetividade.* Para os positivistas, a análise social é objetiva quando é realizada a respeito de uma realidade concreta ou pela usação de métodos ou modelos matemáticos (altamente abstratos) e por instrumentos padronizados e pretensamente reconhecidos como "neutros". Existe uma crença entre os positivistas de que é pelas técnicas estatísticas cada vez mais sofisticadas que conseguimos atingir a objetividade. Não faz parte da teoria a consideração de que a construção de técnicas passa pela subjetividade dos pesquisadores e que as proposições e construções que as constituem introjetam interesses humanos e sociais dos mais diferentes matizes.

Compreensivismo

Em oposição ao positivismo, a chamada *sociologia compreensiva* responde diferentemente à questão qualitativa. Essa corrente teórica, como o próprio nome indica, considera como tarefa mais importante das ciências sociais a compreensão da realidade humana vivida socialmente. Em suas diferentes manifestações – *fenomenologia, etnometodologia, interacionismo simbólico* – o *significado* é o conceito central da investigação e a compreensão da realidade é o foco central.

Num embate direto com o positivismo, a sociologia compreensiva propõe a *subjetividade* como o fundamento do sentido da vida social e defende-a como constitutiva da vida humana e inerente à construção da *objetividade* nas ciências sociais.

Os autores compreensivistas não se preocupam em quantificar e em explicar, e sim em *compreender*: este é o verbo da pesquisa qualitativa. *Compreender* relações, valores, atitudes, crenças, hábitos e representações e, a partir desse conjunto de fenômenos humanos gerados socialmente, interpretar a realidade (cf. Minayo, 2012). O pesquisador que trabalha com estratégias qualitativas atua com a matéria-prima das vivências, das experiências, da cotidianidade e também analisa as estruturas e as instituições, mas entendem-nas como ação humana objetivada. Para esses pensadores e pesquisadores, a linguagem, os símbolos, as práticas, as relações e as coisas são inseparáveis. Se partirmos de um desses elementos, temos de chegar aos outros, mas todos passam pela subjetividade humana.

Marxismo

O marxismo, na condição de abordagem que considera a historicidade dos processos sociais e dos conceitos, as condições socioeconômicas de produção dos fenômenos e as contradições sociais, é outra teoria sociológica importante. Na condição de método, ele propõe a abordagem dialética que teoricamente faria um desempate entre o positivismo e o compreensivismo, pois juntaria a proposta de analisar os contextos históricos, as determinações socioeconômicas das situações de vida, as relações sociais de produção e de dominação com a compreensão das representações sociais.

A dialética trabalha com a valorização das quantidades e da qualidade, com as contradições intrínsecas às ações e realizações humanas, e com o movimento perene entre parte e todo e entre interioridade e exterioridade dos fenômenos. Porém, nas análises marxistas, a consideração quanto aos valores, crenças, significados e subjetividade são quase inexistentes porque a prática marxista hegemônica de análise da realidade tem sido macrossocial ou mesmo positivista. Por exemplo, um expoente da teoria, Althusser (1965), dizia que a questão do sujeito era uma ilusão da antropologia.

Várias críticas têm sido feitas às teorias acima descritas e, como já dissemos, essas críticas têm como base o fato de que nenhuma delas consegue explicar inteiramente a realidade na medida em que esta é mais rica do que qualquer discurso que se construa a seu respeito. Por exemplo, criticamos a pretensa objetividade (sem sujeito) do positivismo e sua crença de que devemos restringir o conhecimento da realidade ao que pode ser observado, quantificado ou modelado de forma externa aos sujeitos.

Ao compreensivismo, as críticas enfatizam sua tendência ao empirismo (ou seja, a crença de que o que as pessoas dizem acerca do real é a própria realidade) e ao subjetivismo (que confunde as percepções do pesquisador com a verdade científica) (Minayo, 2012, 2014).

Quanto ao marxismo, as críticas enfatizam sua dificuldade para criar instrumentos compreensivos, pois a tendência dos seus autores e seguidores é importar respostas prontas baseadas na exegese da teoria, perdendo a riqueza da realidade empírica. Como falava Sartre (1980), os marxistas costumam ver o quadro (a teoria) como se ele constituísse a totalidade da pintura (a dinâmica da realidade social) (Minayo, 2014).

Pessoalmente, advogamos a importância de trabalhar com a complexidade, com a especificidade e com as diferenciações internas dos nossos objetos de pesquisa que precisam ser, ao mesmo tempo, contextualizados e tratados em sua singularidade. Acreditamos na relação fértil e frutuosa entre abordagens quantitativas e qualitativas que devem ser vistas em oposição complementar. No entanto, neste pequeno livro trataremos apenas dos instrumentos de pesquisa qualitativa. Quanto ao campo de investigação quantitativa será necessário outro investimento de igual dedicação.

1.4 Ciclo de pesquisa qualitativa

Diferentemente da arte e da poesia que se baseiam na inspiração, a pesquisa é um trabalho artesanal que não prescinde da criatividade, mas se realiza fundamentalmente por um labor intelectual baseado em conceitos, em proposições, em hipóteses, em métodos e em técnicas, que se constrói com um ritmo próprio e particular. A esse ritmo denominamos *ciclo de pesquisa*, ou seja, um peculiar processo de trabalho em espiral que começa com uma pergunta e termina com uma resposta ou produto que, por sua vez, dá origem a novas interrogações.

Para efeitos bem práticos, dividimos o processo de trabalho científico em pesquisa qualitativa em três etapas:

1) fase exploratória;

2) trabalho de campo;

3) análise e tratamento do material empírico e documental.

A *fase exploratória* consiste na produção do projeto de pesquisa e de todos os procedimentos necessários para preparar a entrada em campo. É o tempo dedicado – e que merece empenho e investimento – a definir e a delimitar o objeto, a desenvolvê-lo teórica e metodologicamente, a aventar hipóteses ou alguns pressupostos para seu encaminhamento, a escolher e a descrever os instrumentos de operacionalização empírica (trabalho de trabalho), a pensar o cronograma de ação e a fazer os procedimentos exploratórios para escolha do espaço e da amostra qualitativa.

A *fase de campo* consiste em fazer dialogar com a realidade concreta a construção teórica elaborada na primeira etapa. Essa fase combina observação, entrevistas ou outras modalidades de comunicação e interlocução com os pesquisados, ou o diálogo como o material documental, no caso das análises documentais, ou de discurso. Esse momento depende, de um lado, da boa preparação realizada na fase exploratória; de outro, da capacidade do pesquisador estabelecer relações e observações que possam confirmar ou refutar suas hipóteses e suas propostas teóricas. O trabalho de campo é uma fase tão central para o conhecimento da realidade que Lévy-Strauss (1975) o denomina "*ama de leite*" de toda a pesquisa social.

A terceira etapa, resumida no título *tratamento e análise do material*, diz respeito ao conjunto de procedimentos para valorizar, compreender e interpretar os dados empíricos, articulando-os com a teoria que fundamentou o projeto ou com outras leituras teóricas e interpretativas cuja necessidade foi dada pelo trabalho de campo. Podemos subdividir esse momento em três tipos de procedimento:

a) ordenação dos dados;
b) classificação dos dados;
c) análise propriamente dita.

O tratamento do material nos conduz a uma busca da *lógica peculiar e interna* do grupo que estamos estudando, sendo esta a construção fundamental do pesquisador. Ou seja, a análise qualitativa não é uma mera classificação de opinião dos informantes. Trata-se da descoberta de seus códigos sociais a partir das falas, símbolos e observações. A busca da compreensão e da interpretação à luz da teoria aporta uma contribuição singular e contextualizada do pesquisador.

O ciclo de pesquisa não se fecha, pois toda pesquisa produz conhecimento e gera novas indagações. Mas a ideia do *ciclo* se solidifica não em etapas estanques, mas em planos que se complementam. Essa ideia também produz, por meio de um cronograma, a delimitação do processo de trabalho científico no tempo. Dessa forma, valorizamos cada parte e sua integração no todo. E pensamos sempre num produto que tem começo, meio e fim, e, ao mesmo tempo, é provisório. Falamos de uma provisoriedade que é inerente aos processos sociais e que se refletem nas construções teóricas.

1.5 Referências

ALTHUSSER, L. *Pour Marx*. Paris: François Maspero, 1965.

BRUYNE, P.; HERMAN, J.; SCHOUTHEETE, M. *Dinâmica da pesquisa em ciências sociais*. 6. ed. Rio de Janeiro: Francisco Alves, 1995.

DEMO, P. *Metodologia científica em Ciências Sociais*. 3. ed. São Paulo: Atlas, 1985.

DILTHEY, W. *Introducción a las Ciências del Espíritu*. Madri: Revista de Occidente, 1956.

FEYERABEND, P. *Contra o método*. Rio de Janeiro: Francisco Alves, 1989.

KAPLAN, A. *A conduta na pesquisa*. São Paulo: Herder/Edusp, 1972.

KUHN, T. *Estrutura das revoluções científicas*. São Paulo: Perspectiva, 1978.

LENIN, W. *Cahiers philosophiques*. Paris: Sciences Sociales, 1965.

LÉVY-STRAUSS, C. Aula inaugural. In: ZALUAR, A. (org.). *Desvendando máscaras sociais*. Rio de Janeiro: Francisco Alves, 1975.

MALINOWSKI, B. *Argonautas do pacífico ocidental*. São Paulo: Abril Cultural, 1984.

MINAYO, M. Análise qualitativa: teoria, passos e fidedignidade. *Ciência & Saúde Coletiva*, Manguinhos, v. 17, n. 3, p. 621-626, mar. 2012.

MINAYO, M. *O desafio do conhecimento*. 14. ed. São Paulo: Hucitec, 2006.

MINAYO, M.; GUERRIERO, I. Reflexividade como éthos da pesquisa qualitativa. *Ciência & Saúde Coletiva*, Manguinhos, v. 19, n. 4, p. 1.103-1.112, abr. 2014.

SARTRE, J.-P. Questão de método. In: *Coleção Os Pensadores*. São Paulo: Abril, 1980.

1.6 Referências comentadas

BRUYNE, P.; HERMAN, J.; SCHOUTHEETE, M. *Dinâmica da pesquisa em ciências sociais*. 6. ed. Rio de Janeiro: Francisco Alves, 1995.

> Os autores propõem uma reflexão acerca da cientificidade das ciências sociais e das condições de produção do conhecimento, bem como apresentam uma visão global do processo de pesquisa. Evidenciam que toda a construção científica se movimenta em quatro polos: epistemológico, teórico, morfológico e técnico, polos não estanques, mas, pelo contrário, articulados.

DEMO, P. *Metodologia científica em ciências sociais*. 15. ed. São Paulo: Atlas, 1985.

DEMO, P. *Introdução à metodologia científica*. 3. ed. São Paulo: Atlas, 1995.

> O autor destes dois livros de referência discute questões fundamentais da ciência na condição de um produto da sociedade e como produção de conhecimento, na área de ciências sociais. Ele reflete a respeito das principais correntes de pensamento dominantes e as implicações dos tratamentos de cada uma. O texto abrange temas de relevante interesse como critérios de cientificidade, campo científico, condições de produção do conhecimento e parâmetros para verificação, validade e confiabilidade.

MINAYO, M. *O desafio do conhecimento*. 14. ed. São Paulo: Hucitec, 2006.

> A autora faz uma reflexão abrangente acerca da filosofia, da sociologia e da prática da pesquisa social em saúde, bem como acompanha toda a orientação metodológica com propostas teóricas e operacionais. O livro abrange todas as fases de uma pesquisa social qualitativa e, além de uma vasta bibliografia que pode ser consultada, apresenta uma forma de tratamento próprio, em diálogo com autores de referência no campo da pesquisa sociológica, antropológica e da saúde coletiva. A partir da 9ª edição a autora introduz o tratamento articulado por triangulação de métodos e inicia uma reflexão quanto à teoria sistêmica e ao conceito de complexidade em pesquisa.

MINAYO, M.; ASSIS, S.; SOUZA, E. (org.). *Avaliação por triangulação de métodos: abordagem de programas sociais*. 2. ed. Rio de Janeiro: Fiocruz, 2005.

> Apesar de ser um livro pensado para avaliação, esta obra traz orientação a respeito dos métodos quantitativos e qualitativos, bem como se articulam na pesquisa social. Os autores trabalham cada passo (definição de objeto, constituição de marco teórico, definição de indicadores, técnicas de investigação, técnicas para trabalho de campo e diversas formas de análise) dos dois tratamentos, sempre combinando a sua triangulação para análise da realidade social.

2

O PROJETO DE PESQUISA COMO EXERCÍCIO CIENTÍFICO E ARTESANATO INTELECTUAL

Suely Ferreira Deslandes[1]

2.1 Introdução

Um projeto de pesquisa constitui a síntese de múltiplos esforços intelectuais que se contrapõem e se complementam: de abstração teórico-conceitual e de conexão com a realidade empírica, de exaustividade e de síntese, de inclusões e de recortes, e, sobretudo, de rigor e de criatividade. Um projeto é fruto do trabalho vivo do pesquisador. Para isso, ele precisará articular informações e conhecimentos disponíveis (um amplo conjunto de saberes e técnicas), usar certas tecnologias (*e.g.* o uso de internet ou de certos programas), empregar sua imaginação e emprestar seu corpo ao esforço de realizar a tarefa. Quem duvida que as vistas cansam, as costas ardem e a coluna dói depois de longos dias em frente a um computador ou a uma pilha de livros?

1. Socióloga, doutora em ciências e pesquisadora titular do IFF/Fiocruz.

O projeto é construído artesanalmente por um artífice mediante trabalho intelectual. É, portanto, um artefato. O que queremos dizer com isso? Em primeiro lugar, o projeto de pesquisa não surge de maneira espontânea, tão somente em virtude da vasta experiência ou do grande compromisso social que um pesquisador nutre por certa temática. Embora esses quesitos também sejam muito importantes e presentes, pois, como dizia o sociólogo americano Wright Mills (1972), os pensadores mais admiráveis não separam seu trabalho de suas vidas, e sim

> encaram a ambos demasiado a sério para permitir tal dissociação, e desejam usar cada uma dessas coisas para o enriquecimento de outra (Mills, 1972, p. 211-212).

Entretanto, torna-se necessário o trabalho sistemático para o domínio de teorias e de métodos justamente para que o pesquisador possa ser criador, evitando o "fetichismo do método e da técnica" (Mills, 1972), para que, assim, possa usá-los artesanalmente, adequando-os e reinventando os caminhos próprios para sua investigação.

Segundo, ao construir um projeto, fabricamos também uma ferramenta, um artefato, cuja materialidade não se apresenta somente no número de páginas escritas ou num arquivo de um editor de textos, mas que se concretizará na realização do trabalho investigativo. Artefato porquanto é, a um só tempo, tanto fruto da mão de obra humana, intencionalmente criado, quanto no sentido de ser resultado do uso de métodos particulares em pesquisa (FGV, 1987). É um instrumento que servirá como guia para as ações do estudo proposto. Podemos ponderar que esta ferramenta-

-guia não se limitaria à metáfora do prumo de um pedreiro, que se destina a corrigir a retidão do ângulo de uma parede, evitando rigorosamente os desvios. Melhor seria, talvez, pensar por meio da metáfora de outras ferramentas-guia, tais como o astrolábio e o sextante, instrumentos usados pelos antigos navegadores para se lançarem em mares desconhecidos, desafiadores e fascinantes.

2.2 Dimensões de um projeto de pesquisa

Quando escrevemos um projeto, estamos definindo uma cartografia de escolhas para tratar da realidade (o que pesquisar, como, por que, por quanto tempo etc.). Isso se dá porque o projeto científico trabalha com um objeto construído e não com o objeto percebido, nem com o objeto real (cf. Bruyne; Herman; Schoutheete, 1977).

O objeto percebido é aquele que se apresenta aos nossos sentidos pela forma de imagens; é o que vemos e sentimos e que, na maioria das vezes, se apresenta como "real", natural e transparente. Em pesquisa social sabemos o quanto estas percepções sofrem influências das nossas visões de mundo, as quais portam uma historicidade e em nada são, portanto, "naturais".

O objeto real diz respeito à totalidade das relações da existência social. Suas fronteiras e complexidade, porque dinâmicas e constantemente reinventadas, excedem a apreensão do conhecimento científico.

O objeto construído, por sua vez, constitui uma tradução, uma versão do real a partir de uma leitura orientada por conceitos operadores. É resultado de um processo de objetivação teórico-conceitual de certos aspectos ou relações existentes no real. Este é um ponto muito caro às ciências sociais. Marx (1978) já afirmava que a ciência se apropria da totalidade do social pelo pensamento, por abstrações conceituais que se debruçam acerca do concreto; Weber (1986) postulava que a ciência social não trabalha com as conexões reais entre coisas, mas com conexões conceituais entre problemas; Durkheim (1978), por sua vez, assim como Marx, lembrava a importância de realizar uma ruptura com o senso comum, isto é, com as percepções imediatas.

Esta etapa de reconstrução da realidade, entendida aí como a definição de um objeto de conhecimento científico e as maneiras propostas para investigá-lo, traz em si muitas dimensões.

Ao elaborarmos um projeto científico lidaremos, ao mesmo tempo, com pelo menos três dimensões importantes que estão interligadas. A *dimensão técnica*, que trata das regras reconhecidas como científicas para a construção de um projeto, isto é, como definir um objeto, como tratar dele e como escolher os instrumentos mais adequados para a investigação. Na medida em que *técnica* sempre diz respeito à montagem de instrumentos (cf. Demo, 1991), o projeto de pesquisa é visto, neste sentido, como um instrumento da investigação.

A *dimensão ideológica* se relaciona às escolhas do pesquisador. Quando definimos o que pesquisar, a partir de quais bases teóricas e como pesquisá-lo, estamos fazendo escolhas que são, mesmo em última instância, ideológicas. Hoje, mesmo os cientistas naturais reconhecem que a neutralidade da investigação científica é um mito.

Não estamos, é certo, referindo-nos a uma visão maniqueísta na qual o pesquisador reconstrói a realidade com "segundas intenções políticas". Estamos, sim, tratando de uma característica intrínseca ao conhecimento científico: ele é sempre histórico e socialmente condicionado. O pesquisador opera escolhas (mesmo sem ter a consciência disso), tendo como horizontes de influência os valores e conhecimentos produzidos e adquiridos a partir de sua própria posição social, bem como da mentalidade de um momento histórico concreto. Assim, a *dimensão científica* de um projeto de pesquisa articula estas duas dimensões anteriores.

A pesquisa científica busca ultrapassar o senso comum (o qual, em si mesmo, já é uma reconstrução da realidade) por intermédio do método científico. Como já fora dito, o método científico permite que a realidade social seja reconstruída na condição de objeto do conhecimento mediante um processo de categorização (o qual goza de características específicas) que une dialeticamente o teórico e o empírico.

Neste capítulo daremos ênfase à dimensão técnica na questão da construção dc um projcto. Propomos uma introdução a este tema porquanto entendemos que dominar a técnica é também viabilizar a produção do conhecimento.

2.3 Os propósitos e a trajetória da elaboração de um projeto de pesquisa

Fazemos um projeto de pesquisa, sobretudo, para esclarecer a nós mesmos qual a questão a que nos propomos investigar, as definições teóricas de suporte e as estratégias do estudo que usaremos (o que pesquisar, como, por quanto tempo etc.). A redação do projeto cria uma série de demandas ao pesquisador para tornar clara, coerente e consistente sua proposta. Redigir seu protocolo de investigação sob a forma de um projeto ajuda o autor a perceber o que ainda precisa estudar, definir, e mesmo refletir, para concluí-lo.

O projeto ajuda também a mapear um caminho a ser seguido no decorrer da investigação. Podemos, assim, antecipar cenários e criar um plano de trabalho. Isso permite ao pesquisador planejar e administrar cada etapa da investigação e os esforços, recursos e empreendimentos que serão necessários.

Além disso, um pesquisador necessita comunicar seus propósitos de pesquisa para que esta seja aceita na comunidade científica. O "meio de comunicação" reconhecido no mundo científico é o projeto de pesquisa. Por seu intermédio, outros especialistas poderão tecer comentários e críticas a fim de contribuir para um melhor encaminhamento da investigação. É importante lembrarmo-nos que a pesquisa científica pressupõe sempre uma instância coletiva de reflexão. O projeto permite ainda que várias equipes de pesquisa, ainda que situadas em instituições e regiões diferentes, trabalhem de maneira integral e sigam um mesmo protocolo.

O projeto é também um pré-requisito para obter financiamento. As instituições de fomento à ciência regularmente abrem editais convocando os pesquisadores a concorrerem entre si por fundos. Um projeto bem-elaborado é condição essencial para participar destas concorrências.

Finalmente, ao apresentar um projeto, o pesquisador assume uma responsabilidade pública com a realização do que foi prometido. Mudanças podem ser necessárias e imprevistos costumam acontecer. Essa contingência revela que a pesquisa é uma prática dinâmica; contudo, o pesquisador precisará esclarecer e justificar as modificações daquilo que foi preconizado inicialmente. Os órgãos de fomento e as instituições apoiadoras cada vez mais frequentemente exigem relatórios de acompanhamento da execução de projetos.

O projeto de pesquisa é o desfecho de várias ações e esforços do pesquisador. Ele culmina numa trajetória anterior marcada por atividades e atitudes (cf. Rudio, 2000; Minayo, 2006):

1) De *pesquisa bibliográfica* disciplinada, crítica e ampla:

a) *Disciplinada* porque devemos ter uma prática sistemática – um critério claro de escolha dos textos e autores. Quais serão as chaves temáticas de busca? Serão incluídos somente os textos mais recentes? Serão textos oriundos somente de uma área de conhecimento? Haverá alguma forma de escolha dos autores? Aqueles, por exemplo, que defendem determinada linha de pensamento? Responder a estas perguntas ajuda a definir certo escopo de pesquisa bibliográfica.

b) *Crítica* porque precisamos estabelecer um diálogo reflexivo entre as teorias e outros estudos com o objeto de investigação por nós escolhido – uma revisão não pode ser diletante, mas precisa estar atenta à correlação entre os métodos propostos e os resultados encontrados por outros pesquisadores. Desenvolver esta capacidade comparativa e analítica em relação aos outros estudos nos ajuda a melhor delimitar nossa proposta.

c) *Ampla* porque deve dar conta do "estado" atual do conhecimento acerca do problema – espera-se que o pesquisador saiba dizer o que é o consenso a respeito do assunto em debate e o que é polêmico; o que já é tido como conhecido e o que ainda pouco se sabe. E como se apropriar seletivamente de tantos conhecimentos? Os fichamentos são um bom procedimento, mas, como já dito, devem ter um foco e sempre estabelecer um diálogo com o tema e o objeto de estudo desejado.

2) De *articulação* criativa, seja na delimitação do objeto de pesquisa, seja na aplicação de conceitos – trabalhos originais e inovadores se iniciam com perguntas que ainda não foram formuladas para a investigação científica e com maneiras diferentes de tratar do objeto.

3) De *humildade*, ou seja, reconhecendo que todo conhecimento científico tem sempre um caráter:

a) Aproximado, isto é, se faz sempre a partir de outros conhecimentos acerca dos quais se questiona, se aprofunda ou se critica.

b) Provisório – tanto a realidade social se modifica quanto as interpretações a seu respeito podem ser superadas por outras que incluem mais elementos e maior complexidade.

c) Inacessível em relação à totalidade do objeto, isto é, as ideias ou explicações que fazemos da realidade estudada são sempre mais imprecisas do que a própria realidade.

d) Vinculado à vida real – em rigor, um problema intelectual surge a partir de sua existência na vida real e não "espontaneamente".

e) Condicionado historicamente.

Considerando-se os vários ciclos de uma pesquisa, esta etapa é reconhecida como a *fase exploratória* e é, sem dúvida, um de seus momentos mais importantes (cf. Minayo, 2006). Compreende várias fases da construção de uma trajetória de investigação, tais como:

a) escolha do tópico de investigação;
b) delimitação do objeto;
c) definição dos objetivos;
d) construção do marco teórico conceitual;
e) seleção dos instrumentos de construção/coleta de dados;
f) exploração de campo.

É importante lembrar que a *fase exploratória*, quando conduzida de maneira precária, trará grandes dificuldades à investigação como um todo. Um pesquisador mais inexperiente pode pensar que a elaboração de um projeto é uma tarefa incômoda e o que mais importa é logo fazer o trabalho de campo e realizar a análise. Contudo, se não forem bem demarcados o objeto e os objetivos de pesquisa, ou até mesmo os métodos, futuramente os obstáculos aparecerão e demandarão revisões e ajustes.

Formalmente, a *fase exploratória* termina quando o pesquisador definiu seu objeto de pesquisa, construiu o marco teórico conceitual a ser empregado, demarcou objetivos claros para o estudo, selecionou os instrumentos de coleta de dados, escolheu o espaço e o grupo de pesquisa, criou critérios para a inclusão dos sujeitos no estudo e estabeleceu estratégias para entrada no campo. Em outras palavras, a elaboração do projeto de investigação demarca a conclusão desta fase.

2.4 Os elementos constitutivos de um projeto de pesquisa

O projeto de pesquisa deve, fundamentalmente, responder às seguintes perguntas (cf. Barros; Lehfeld, 1986; Gil, 1991; Rudio, 2000):

- O que pesquisar? (Definição do problema, hipóteses, base teórica e conceitual.)
- Para que pesquisar? (Propósitos do estudo, seus objetivos.)
- Por que pesquisar? (Justificativa da escolha do problema.)
- Como pesquisar? (Metodologia.)
- Por quanto tempo pesquisar? (Cronograma de execução.)
- Com que recursos? (Orçamento.)
- A partir de quais fontes? (Referências.)

2.4.1 O que pesquisar? A construção do objeto de pesquisa

2.4.1.1 Definição do tema e escolha do problema

O tema de uma pesquisa indica a área de interesse ou assunto a ser investigado. Trata-se de uma delimitação ainda demasiado ampla. Por exemplo, quando alguém diz que deseja estudar a questão "exploração sexual de crianças e adolescentes", está se referindo ao assunto de seu interesse. Contudo, é necessário para a realização de uma pesquisa um recorte mais preciso deste assunto.

Este encontro com o tema é o primeiro passo para o trabalho científico. Sugere-se que o pesquisador faça três indagações acerca do tema eleito (cf. Santos, 2004): se lhe agrada e motiva; se tem relevância social e acadêmica; e se há fontes de pesquisa a seu respeito.

Mas o tema é um caminho ainda em aberto. O pesquisador de nosso exemplo então se pergunta: O que pesquisar acerca da exploração sexual de crianças e adolescentes? Várias questões podem ser de seu interesse. Quais são as características destas crianças, destes adolescentes e de suas famílias? Como operam as redes e agentes responsáveis por esta exploração? Quais ações têm sido realizadas nos últimos anos para o enfrentamento dessa prática?

Ao formularmos perguntas ao tema construiremos sua problematização. Um problema decorre, portanto, de um aprofundamento do tema. Ele é sempre individualizado e específico.

A definição do problema ou do objeto de pesquisa às vezes é tarefa difícil, mas também é a razão da existência de um projeto. A construção de um objeto de estudo científico constitui um verdadeiro exercício contra a ideia de que as coisas estão dadas na realidade e que basta tão somente estar atento ao que acontece no cotidiano. Esta postura é criticada por Bourdieu, por Chamboredon e por Passeron (1999), que a nomeiam como "sociologia espontânea".

É importante lembrar que um problema social não é a mesma coisa que um problema científico (Victoria; Knauth; Has Sen, 2000; Bourdieu, 1989). Em nosso exemplo falávamos do tema exploração sexual de crianças e adolescentes e este é um problema social importante, seja porque traz sérias consequências à saúde física e mental dessas crianças, seja porque fere todos os seus direitos, seja porque é moralmente intolerável, ou mesmo porque denota falhas nos mecanismos de proteção daquela sociedade à infância e à adolescência. Contudo, a exploração sexual de crianças e adolescentes só se tornará um problema científico se o pesquisador operar propositalmente uma série de rupturas sistemáticas: a) romper com as ideias e concepções circulantes a respeito da questão (sejam elas de caráter religioso ou moral); b) desconstruir ideias preconcebidas (que as famílias são as principais responsáveis pelo problema, por exemplo); c) evitar as explicações simplistas ("é a pobreza que explica a existência deste tipo de comércio"). Se estivéssemos construindo um objeto científico acerca desta questão, uma das posturas iniciais seria a de se perguntar quando e em que contexto de nossa história a prática de exploração sexual de crianças e adolescentes (perpetrada por centenas de anos em nossa sociedade) passou a ser vista como um problema social. Quais atores (movimentos sociais, mídia, representantes do Estado etc.) e circunstâncias foram responsáveis por atribuir à questão o *status* de problema social? Como esse "problema social" tem sido tratado na agenda pública? Esse caminho, que ajuda a romper o senso comum quanto ao problema e suas explicações circulantes, é chamado pelo sociólogo francês Pierre Bourdieu (1989) de prática da "dúvida radical".

O apoio de revisões bibliográficas sobre os estudos já feitos ajuda a mapear as perguntas já elaboradas naquela área de conhecimento, permitindo identificar o que mais tem se enfatizado e o que tem sido pouco trabalhado. Construir um diário pessoal de perguntas e questionamentos a respeito do tema também é útil. Confrontar estas perguntas com o que já foi investigado e a forma como foram tratadas por outros estudiosos é a próxima etapa para selecionar o problema de estudo. Este exercício permite ao pesquisador não só delimitar o seu problema, mas constituir a sua problemática de estudo, isto é, contextualizar o seu problema em relação àquele campo temático de conhecimento (cf. Laville; Dionne, 1999).

A escolha de certas variáveis também auxilia a delimitação do problema. Retomamos o exemplo colocando-o, de início, como problema de estudo: "Quais foram as iniciativas para o enfrentamento da exploração sexual de crianças e adolescentes?" Como se vê, uma série de imprecisões dificulta o entendimento dessa proposta: A que tipo de iniciativa nos referimos? Relativas a que período? Em todo o país? Trata-se, então, somente de listar o que foi feito? Novas reflexões a partir de maior conhecimento acerca do tema ajudariam a reelaborar a proposta, de modo que teríamos, então: "Como se caracterizam as iniciativas governamentais, em termos de estratégias, efetividade e continuidade, para combater a exploração sexual de crianças e adolescentes no Estado do Rio de Janeiro desde a implantação do Estatuto da Criança e do Adolescente?" Poderíamos seguir recortando o tratamento para as iniciativas de certa área específica de atuação das políticas públicas (seja segurança pública, seja da assistência social).

Alguns autores sugerem que o problema deve ter algumas características, como, por exemplo (cf. Gil, 1991):

a) Deve ser formulado como pergunta. Esta maneira parece ser a mais fácil para se formular um problema; ademais, facilita sua identificação por quem consulta o projeto de pesquisa.

b) O problema deve ser claro e preciso.

c) Deve ser delimitado a uma dimensão viável. O problema formulado de maneira muito ampla torna-se impossível de ser investigado.

Às vezes, problemas propostos não se encaixam nestas regras. Um caso típico é o dos temas pouco estudados ou muito recentes que carecem de pesquisas exploratórias.

Finalmente, a escolha de um problema merece que o pesquisador faça sérias indagações (cf. Rudio, 2000):

a) Trata-se de um problema original?

b) O problema é relevante?

c) Ainda que seja "interessante", é adequado para mim?

d) Tenho, hoje, possibilidades reais para executar tal estudo?

e) Existem recursos financeiros para a investigação deste tema?

f) Terei tempo suficiente para investigar tal questão?

2.4.1.2 Formulação de hipóteses

As hipóteses são afirmações provisórias ou soluções possíveis a respeito do problema estudado (cf. Santos, 2004). Entretanto, as hipóteses não constituem os pressupostos de estudo porque estes já estão confirmados pela bibliografia, na medida em que constituem o acervo de evidências prévias acerca da questão (cf. Severino, 2002).

Um estudo pode articular uma ou mais hipóteses. As hipóteses são elaboradas a partir de fontes diversas, tais como a observação, os resultados de outras pesquisas, as teorias ou mesmo a intuição (cf. Gil, 1991). A analogia com as soluções dadas a outros casos comparáveis também constitui um mecanismo de elaboração de hipóteses (cf. Bourdieu; Chamboredon; Passeron, 1999).

Também tem algumas características para ser considerada uma "hipótese aplicável" (cf. Gil, 1991):

a) Deve ter conceitos claros. Por exemplo, a hipótese de que "as iniciativas de enfrentamento à exploração sexual tiveram um caráter campanhista" deixa ambiguidades. A noção "campanhista" está se referindo a que tipo de atuação exatamente? O autor deverá, então, especificar este termo, definindo-o com mais clareza.

b) Deve ser específica. Muitas hipóteses, apesar de claras, são expressas em termos muito amplos, como em nosso exemplo, ao formular a hipótese de que "as iniciativas no período definido se dividem entre as ações de sensibilização para o problema e responsabilização social". Ao invocar os conceitos de "sensibilização" e "responsabilização social" poderíamos listar uma série de diferentes ações concretas que se encaixariam perfeitamente nestas definições. Por exemplo, ao incluir o conceito de sensibilização estaríamos definindo a divulgação da questão pelos meios de comunicação de massa? Estaríamos nos referindo à formação de profissionais de educação, saúde e segurança pública para a identificação das situações? Enfim, esta hipótese precisaria delimitar melhor sua abrangência.

c) Não deve se basear em valores morais. Algumas hipóteses, equivocadamente, usam adjetivos duvidosos, como "bom", "mau", "favorável", "prejudicial" etc.

d) Deve ter como base uma teoria que a sustente.

Este último aspecto da elaboração das hipóteses (o embasamento de uma teoria ou conjunto de conhecimentos) vai contra a ideia positivista da resposta espontânea ou fruto da indução a partir de uma coletânea de fatos anteriormente observados (cf. Bourdieu; Chamboredon; Passeron, 1999). A hipótese é também um diálogo que se estabelece entre o olhar criativo do pesquisador, o conhecimento existente e a realidade a ser investigada.

A hipótese sugere uma orientação ao estudo, pois, ao final, o pesquisador terá de responder se houve evidências para sua confirmação ou refutação; assim, a hipótese influencia a elaboração do objetivo geral da pesquisa (cf. Santos, 2004).

Por fim, vale lembrar que os estudos de natureza exploratória, devido à sua característica de sondagem de relações, fatos e processos muito pouco conhecidos, dispensam a elaboração de hipóteses porque o pesquisador não tem ainda os subsídios de comparação para elaborá-las.

2.4.1.3 Definição do quadro teórico

O quadro teórico de um projeto representa o conjunto de princípios, de definições, de conceitos e de categorias que, articulados entre si, formam um sistema explicativo coerente (cf. Minayo, 2006; Severino, 2002).

A definição teórica e conceitual é um momento importante da elaboração do projeto científico. É sua base de sustentação e rigor porquanto orienta as formas de definição e de análise do objeto. É a partir de uma teoria e de seus conceitos que definimos nosso objeto de estudo. No exemplo no qual ora trabalhamos, se partimos do interesse em analisar como o "problema social da exploração sexual de crianças e adolescentes tem sido tratado nas políticas públicas", tomaremos um quadro teórico que nos ajude a delimitar o que "olhar" na realidade. Precisaremos eleger quais teorias que discutem a definição de políticas públicas (*policy agendas*) são as mais interessantes aos nossos propósitos. E isso envolve escolhas e mesmo concordância ideológica do pesquisador com as explicações contidas no quadro teórico apresentado.

Remetendo este item a uma dimensão técnica, devemos dizer que é imprescindível a definição clara dos pressupostos teóricos, das categorias e dos conceitos a serem usados. Ainda que hoje as conexões teóricas de diferentes origens sejam bem-vindas, há de se ter domínio sobre as implicações explicativas de tais articulações para manter uma unidade lógica e coerente no tratamento proposto.

Devemos tomar cuidado para não reescrevermos a obra dos autores que embasam o quadro teórico escolhido, reconstruindo um verdadeiro tratado e, certamente, de qualidade muito inferior ao original. Muitos trabalhos confundem a base teórica do estudo com uma revisão da literatura. A primeira busca mapear o que é dito, por quem o fora e quando fora. A base teórica já estabelece um foco sobre o que adotamos como as balizas de nosso estudo. Devemos, então, ser sintéticos e objetivos, estabelecendo, primordialmente, um diálogo entre a teoria e o problema a ser investigado.

2.4.2 Para que pesquisar?

2.4.2.1 Objetivos

Buscamos com a formulação dos objetivos responder ao que é pretendido com a pesquisa e quais propósitos almejamos alcançar ao término da investigação. É fundamental que seja possível atingir estes objetivos. Geralmente, formula-se um objetivo geral, de dimensões mais amplas, articulando-o aos objetivos específicos.

O objetivo geral diz respeito ao conhecimento que o estudo proporcionará em relação ao objeto. Tal objetivo constitui o "resultado intelectual" a ser obtido no final da pesquisa (cf. Santos, 2004). Ele, portanto, relaciona-se à hipótese.

Retomando mais uma vez o exemplo adotado, se tivéssemos a seguinte hipótese: *as iniciativas de enfrentamento à exploração sexual devido à descontinuidade de financiamen-*

to se mostraram pouco efetivas em termos de responsabilização dos agentes deste comércio (clientes e agenciadores), alcançando, entretanto, boa mobilização pública, poderíamos ter, então, como objetivo geral "analisar a efetividade e continuidade das estratégias de enfrentamento à exploração sexual de crianças e adolescentes realizadas no Rio de Janeiro depois da implantação do ECA".

Os objetivos específicos são formulados pelo desdobramento das ações que serão necessárias à realização do objetivo geral. Assim, para o exemplo anterior poderíamos propor:

1) identificar e caracterizar as iniciativas realizadas para o enfrentamento à exploração sexual de crianças e adolescentes;
2) contrastar os objetivos propostos das iniciativas realizadas, bem como seus resultados;
3) analisar a sustentabilidade financeira e político-institucional de tais ações;
4) analisar as condições de continuidade dessas ações.

A usação de verbos no infinitivo para a descrição dos objetivos deixa claro que estamos tratando das ações de investigação propriamente ditas. Os objetivos serão o guia para a escolha e construção dos métodos e dos instrumentos. Espera-se que o desenho metodológico viabilize a realização de cada um dos objetivos.

2.4.3 Por que pesquisar?

2.4.3.1 Justificativa

Trata-se da relevância de por que tal pesquisa deve ser realizada. Quais razões a justificam? As razões de ordem teórica são aquelas que apontam as contribuições do estudo para a compreensão do problema apresentado. As razões de ordem prática são as que indicam a relevância da pesquisa para a intervenção na questão social de que se trata. As de ordem pessoal são os que demonstram a relevância da escolha do estudo em face da trajetória do pesquisador.

A justificativa de ordem acadêmica se sustenta em vários argumentos:

a) de caracterização do nível de conhecimento e da produção acumulada na temática, indicando aí as suas lacunas;

b) do potencial para ampliar o conhecimento disponível;

c) de promessa de avanço metodológico;

d) da importância social do problema.

A justificativa de ordem prática diz respeito à construção de subsídios para modificar a realidade em foco, atendendo demandas sociais.

A justificativa de ordem pessoal é aquela que situa, de forma sintética, a escolha do problema de estudo na trajetória profissional e biográfica do pesquisador.

2.4.4 Como pesquisar?

2.4.4.1 Metodologia

A definição da metodologia requer dedicação e cuidado do pesquisador. Mais do que uma descrição formal dos métodos e técnicas a serem usados indica as conexões e a leitura operacional que o pesquisador fez do quadro teórico e de seus objetivos de estudo.

Espera-se que para cada objetivo descrito sejam apresentados métodos e técnicas correspondentes e adequados. Admitimos por métodos os procedimentos reconhecidos que se voltam para a produção de dados e de explicações, como, por exemplo, os métodos histórico, comparativo, etnográfico, estudo de caso (cf. Lakatos; Marconi, 1992). Técnicas são os procedimentos mais focalizados que operacionalizam os métodos mediante emprego de instrumentos apropriados (cf. Severino, 2002). Como exemplo de técnicas e instrumentos teríamos, respectivamente, as entrevistas e o roteiro elaborado para realizá-las.

A seção de metodologia contempla a descrição da fase de exploração de campo (escolha do espaço da pesquisa, critérios e estratégias para escolha do grupo/sujeitos de pesquisa, a definição de métodos, técnicas e instrumentos para a construção de dados e os mecanismos para entrada em campo), as etapas do trabalho de campo e os procedimentos para análise.

No projeto, o pesquisador pode começar por informar o tipo de pesquisa que será apresentado. Observamos que há várias formas de categorização de uma pesquisa. Ela pode, por exemplo, ser definida como básica, aplicada, estratégica segundo a forma de usação dos resultados, ou descritiva, explicativa e experimental se for considerado o seu nível de interpretação (cf. Marconi; Lakatos, 1999). Há diversas tipologias possíveis e o recomendável seria empregar aquela que melhor destaca a natureza e qualidades do estudo.

A seguir, o campo de observação precisa ser definido, entendendo-o como os locais e sujeitos que serão incluídos, o porquê destas inclusões (critérios de seleção) e em qual proporção serão feitas.

Se a pesquisa for realizada em serviços públicos ou qualquer outra instituição, é preciso descrever a razão de ter sido feita esta opção e por que foi incluída a unidade deste ou daquele bairro, deste ou daquele nível de complexidade. Estas razões devem ser condizentes aos propósitos do estudo. Vale ainda distinguir se a escolha da instituição ou comunidade é apenas o lugar onde se encontrarão os sujeitos de estudo ou se estas serão, por si mesmas, o foco da análise, visando um estudo de caso (de modelos de atendimento, de gestão etc.). Atualmente, proliferam os estudos em comunidades virtuais (redes sociais, sites de relacionamento, sites de associações e outras). Além de valer as mesmas regras de explicitar o porquê de tais escolhas, é preciso não esquecer os cuidados éticos para anunciar a intenção da pesquisa e a apresentação do pesquisador nestes "espaços".

O mesmo raciocínio vale para a escolha dos sujeitos. Quem será incluído no estudo e por quais motivos? Serão os gestores ou os beneficiários de determinado programa? Serão aqueles que vivenciaram determinada experiência ou aqueles que se recusaram a participar dela?

Precisamos ainda responder: quantas instituições ou sujeitos serão envolvidos na pesquisa? Este processo de definição de certa quantidade de representantes num universo de possibilidades (tanto de instituições quanto de sujeitos) é também denominado de "seleção da amostra" ou "definição da amostragem". Existem basicamente dois grandes tipos de amostras: as probabilísticas (quando todos os elementos de uma população têm probabilidade conhecida e não nula de participarem da amostra escolhida) e as não probabilísticas. Conhecer a oportunidade de um sujeito ser selecionado permite estimar o erro de amostragem, o que ajuda ao pesquisador não generalizar equivocadamente uma situação específica a toda sua população (cf. Laville; Dionne, 1999).

Contudo, a ideia de amostragem não é a mais indicada para certas pesquisas sociais, especialmente aquelas de cunho qualitativo. Isto se deve ao fato de que o "universo" em questão não são os sujeitos em si, mas suas representações, conhecimentos, práticas, comportamentos e atitudes. Como se vê, seria impossível demarcar o número total destas variáveis, muito menos o tamanho da amostra que seria representativa desta totalidade. Diante disso, costumeiramente se opta por definir o número de sujeitos por inclusão progressiva (sem demarcar *a priori* o número de participantes), a qual é interrompida pelo critério da saturação, ou seja, quando as concepções, as explicações e os sentidos atribuídos pelos sujeitos começam a ter uma regularidade de apresentação.

Nesse caso, ao invés de definir a "amostra de sujeitos", usa-se mais frequentemente o termo "sujeitos incluídos na pesquisa ou grupo de estudo". Uma pergunta importante neste item é: Quais indivíduos sociais têm uma vinculação mais significativa para o problema a ser investigado? A boa seleção dos sujeitos ou casos a serem incluídos no estudo é aquela que possibilita abranger a totalidade do problema investigado em suas múltiplas dimensões (cf. Minayo, 2014).

As técnicas e instrumentos também devem ser descritos em tópico separado, sendo defendida sua adequação e reconhecidos os seus limites na produção dos dados. É importante lembrar que ao escolher certa técnica o pesquisador produzirá os dados num determinado molde, valorizando esta ou aquela forma de linguagem. Se, por exemplo, escolhermos a técnica de entrevistas, sabemos que não é possível apreender com fidedignidade as práticas dos sujeitos, mas somente as narrativas de suas práticas, segundo a visão deste narrador.

As técnicas a serem usadas podem se voltar:

a) tanto para a produção primária de dados, isto é, quando o pesquisador produz o dado na interação direta com os sujeitos por meio de entrevistas, observações, aplicação de questionários quanto

b) para a busca de dados secundários, ou seja, a partir de acervos já existentes, tais como documentos, banco de dados, revistas, jornais, coleções de artefatos etc. Em geral, requisita-se que sejam anexados ao projeto os roteiros de todos os instrumentos que serão usados.

Os procedimentos de análise dizem respeito às formas de organização dos dados e os passos empreendidos para a produção de inferências explicativas ou de descrição. Esses procedimentos devem ser descritos minuciosamente a fim de que transpareçam o processo de interpretação que será adotado pelo pesquisador. As análises de conteúdo, de discurso, de narrativas argumentativas e de semiótica são exemplos de métodos que definem procedimentos possíveis para a análise e interpretação do acervo, e cada uma destas modalidades preconizam um tratamento diferenciado para a organização e categorização dos dados (cf. Bauer; Glaskell, 2002).

2.4.5 Por quanto tempo pesquisar?

2.4.5.1 Cronograma

O projeto deve traçar o tempo necessário para a realização de cada uma das etapas propostas. Muitas tarefas podem, ademais, ser realizadas simultaneamente.

A forma mais usual é a de um quadro no qual em suas linhas são listadas as tarefas da pesquisa e nas colunas o tempo em que estas acontecerão (*e.g.* mês 1, mês 2 etc.).

2.4.6 *Com que recursos?*

2.4.6.1 Orçamento

Este item estará completo somente nos projetos que pleiteiam financiamento para sua realização. Naqueles em que não há suporte financeiro direto ou de bolsas, o pesquisador deve apenas mencionar que o projeto será realizado sem financiamento.

Geralmente o orçamento é subdividido em três categorias de gastos: com pessoal; com passagens e diárias; e com material permanente (como computadores, impressoras etc.). Caso o projeto esteja concorrendo a edital para a obtenção de financiamento, é preciso ler com muita atenção quais itens a instituição aceita que sejam pagos e quais são por ela vetados.

Alguns lembretes importantes:

a) Em épocas de oscilação financeira, o orçamento sugerido deve indicar algum mecanismo que o proteja da inflação.

b) Antes, devemos buscar saber o que a entidade de fomento financia e o que ela não financia. Por exemplo, algumas entidades financiadoras não subsidiam determinados gastos, como passagens; outras não permitem a compra de materiais permanentes.

Um bom lembrete é saber que cada instituição de fomento tem um formato específico de financiamento e este modelo deve ser previamente consultado.

2.4.7 *A partir de quais fontes?*

2.4.7.1 Referências

Geralmente, num projeto científico, muitos autores e dados são citados. Há uma enorme variedade de fontes que um projeto pode usar: livros, capítulos de livros, artigos de revistas científicas, revistas leigas, jornais, documentos oficiais, informações pessoais, teses, dissertações, monografias, textos não publicados, bancos de dados, entre outros. O acesso a estas fontes pode se dar por intermédio da consulta de determinado acervo disponível numa biblioteca, centro de documentação ou coleção pessoal. Entretanto, a internet abriu um campo imenso de acesso a diversas fontes de referências. Por meio dela é possível consultar diversas bibliotecas virtuais que disponibilizam, na íntegra e gratuitamente, textos não publicados, teses, dissertações, relatórios de pesquisa, artigos e até mesmo livros. É possível entrar virtualmente nas bibliotecas das principais universidades do Brasil e de outros países e, assim, saber que livros têm em seu acervo e o que oferecem nesse acesso virtual. Consultar sites de busca também ajuda muito: o site Google é um dos mais completos; o site http://acessolivre.capes.gov.br, da Coordenação de Aperfeiçoamento de Pessoal de Nível Superior (Capes), permite a consulta gratuita de diversos periódicos científicos de quase todas as áreas do conhecimento.

2.4.7.2 Como citar essas fontes tão diversas?

Existem vários modelos que regulam as regras de citação. As regras da Associação Americana de Psicologia constituem uma referência para a psicologia em particular e, de modo geral, para as ciências sociais nos países de língua inglesa. O chamado *Chicago Style*, produzido pela Universidade de Chicago, é referência para a área de história (cf. Máttar-Neto, 2002). O estilo Vancôver é referência para a área da saúde e foi elaborado pelo Comitê Internacional de Editores de Revistas Médicas. No Brasil temos as regras de normalização de citações produzidas pela Associação Brasileira de Normas Técnicas (ABNT), que é uma entidade privada, sem fins lucrativos, existente desde 1940. A ABNT é responsável por criar normas para diversos procedimentos tecnológicos, até mesmo para a redação científica. Em seu site (www.abnt.org.br) há mais informações acerca destas normas e como adquiri-las, mas lembremo-nos de que as normas de citações e de referências bibliográficas estão também disponíveis gratuitamente na maioria das bibliotecas universitárias.

Destacaremos aqui as formas mais comuns de citações diretas e indiretas de trechos de textos, bem como as citações das referências destes textos. Adotaremos aqui o sistema autor-data, mas a ABNT também aceita o sistema numérico (as referências são numeradas de acordo com a ordem de aparição no texto).

Segundo a ABNT/NBR 10520 (2002b), a citação é uma menção de uma informação extraída de outra fonte. As citações podem ser diretas (cópia literal de parte da obra do autor consultado) ou indiretas (texto parafraseado ou adaptado da obra consultada) e pode ainda haver a citação de citação (citação direta ou indireta de um texto cujo acesso ao original não fora possível, mas sim por intermédio de outro texto).

No corpo do projeto, as citações diretas, quando necessárias, devem ser breves para que possibilitem maior agilização da leitura. Se a citação consistir em até três linhas ela é incorporada na própria frase, sendo citação tal qual no texto original e entre aspas duplas, mencionando o nome do autor, o ano da obra e a página citada. Como no exemplo a seguir:

De acordo com Máttar-Neto (2002, p. 206) "a concepção de que o conhecimento é coletivo é a principal justificativa da necessidade de referência".

Se a citação ultrapassar três linhas deve também identificar autor, ano e página, mas deve ser apresentada com destaque de um recuo de 4cm da margem esquerda, com uma letra menor do que a do texto e sem aspas. Assim:

Severino (2002) destaca que numa referência bibliográfica:

> [...] o sobrenome do autor e o título do documento têm um destaque gráfico, ou seja, o sobrenome do autor que abre a referência deve vir em maiúsculas ou caixa alta, enquanto o título principal deve vir em itálico (grifado, quando o texto é datilografado [sic]) [grifos do autor].

Notemos que na citação acima houve o corte do começo da frase, assim usamos os colchetes para avisar ao leitor. E a expressão "grifos do autor" é para indicar que os destaques em itálico foram feitos pelo próprio autor citado.

As citações de trechos de entrevista também obedecem ao mesmo critério de destaque quanto ao número de linhas.

As citações indiretas são ideias ou informações extraídas de outros autores, mas expressas com as nossas próprias palavras. Elas devem fazer sempre menção ao texto original, colocando entre parênteses o nome do autor em caixa alta e a data da obra. Por exemplo: a bibliografia a compor a lista de referências de um trabalho é apenas aquela que o pesquisador usou diretamente (La-Ville; Dionne, 1999).

As citações de citações são designadas pela expressão latina "*apud*", a qual significa "junto a". O pesquisador deve sempre usá-la em itálico quando fizer citação de citação; ademais, quer antes do *apud*, quer depois dele, é recomendável que a citação esteja completa. Exemplo: "Não basta dar pasto são à mente, / Se não vem adubado de bom gosto: / E assim também resvala dos ouvidos, / Se vem seca, ou ensossa ou maltrajada" (Elísio, 1917, p. 45 *apud* Silva, 1963, p. 85). Caso não seja possível fazer uma citação completa, usa-se as informações disponíveis no caso do autor anterior ao *apud*, mas o autor posterior sempre precisa ser citado por completo. Exemplo: Segundo a ABNT (2002, *apud* Santos, 2004, p. 85).

As referências a autores e obras mencionadas podem incluir várias situações:

a) *Citação com mais de três autores.*

Mencionamos apenas o primeiro autor, seguido da expressão "*et al.*" Exemplo: (Minayo *et al.*, 2005).

b) *Citação de vários autores.*

Citar as referências obedecendo à ordem alfabética dos sobrenomes dos autores ou segundo a data das publicações.

c) *Citação de autores com mesmo sobrenome.*

Citar as iniciais dos prenomes dos autores. Exemplo: A violência é um problema de saúde pública (Souza, E.R., 2004; Souza, A.R., 2005).

d) *Citação de um mesmo autor com datas de publicações diferentes.*

Basta mencionar o nome separado por vírgulas e os anos em ordem crescente. Exemplo: (Souza, 2004, 2005, 2006).

e) *Citação de um mesmo autor com mesmas datas de publicação.*

É só acrescentar as letras do alfabeto em ordem crescente para diferenciar uma obra da outra. Por exemplo: (Souza, 2004a, 2004b).

f) *Citação cujo autor é uma instituição.*

Coloca-se o nome da instituição no lugar do autor. Exemplo: Fundação Getúlio Vargas. **Dicionário de Ciências Sociais**. Rio de Janeiro: FGV, 1987.

g) *Citação de fontes informais (aula, conferência, palestras etc.).*

Indicar, entre parênteses, a expressão citada, definindo melhor os dados disponíveis, em nota de rodapé (ABNT, 2002).

Exemplo: O Ministério da Saúde publicou recentemente uma portaria que normaliza a notificação de violência contra as mulheres.

No rodapé da página:

Notícia fornecida pelo professor (nome) em palestra na Escola Nacional de Saúde Pública em novembro de 2006.

h) *Citação de textos extraídos de* homepage *ou* web site.

São usados os mesmos padrões de citação anteriormente descritos segundo cada caso. Quando fizer parte da lista de referências deve-se colocar a instituição como sendo o autor e data, bem como o título da matéria acrescido das expressões "Disponível em: (nome do site)" e "Acesso em: dia/mês/ano".

- Exemplo no corpo do texto: A ABNT define como normalização "atividade que estabelece, em relação a problemas existentes ou potenciais, prescrições destinadas à usação comum e repetitiva com vistas à obtenção do grau ótimo de ordem em um dado contexto" (www.abnt.org.br).
- Na lista de referências: Associação Brasileira de Normas Técnicas, 2006. O que é normalização. Disponível em: <http://www.abnt.org.br>. Acesso em 18 dez. 2006.

i) *Referências completas de um livro.*

Seguimos a ordem como está grafada a seguir: Autor. Título. Edição. Local: Editora, data.

SANTOS, Antonio Raimundo dos. **Metodologia científica**. 6. ed. revisada. Rio de Janeiro: DP&A, 2004.

j) *Referência de um capítulo de livro.*

Seguimos a ordem: Autor. Título do capítulo. In: Título do livro. Edição. Local: Editora, data, páginas.

Máttar-Neto, João Augusto. Normas técnicas. In: **Metodologia científica na era da informática**. São Paulo: Saraiva, 2002, p. 200-225.

Muitas, enfim, são as peculiaridades de cada tipo de referência, as quais demandam, cada uma, consultas regulares às normas da ABNT.

Vale lembrar que tais regras de citações podem ser adaptadas pela instituição de ensino (programa de graduação ou pós-graduação), revista ou editora. Assim, ler as instruções de referências da instituição para a qual o projeto será apresentado é importante.

2.5 Questões éticas do projeto de pesquisa

O projeto de pesquisa tem, em sua redação, compromissos de não ferir a ética da elaboração de textos científicos. Um dos comportamentos antiéticos mais comuns é a prática de plágio, isto é, usar ideias, expressões e dados de outros autores sem citar a fonte de onde se originam.

Outra espécie de procedimento antiético é a fraude, ou seja, quando o pesquisador inventa deliberadamente dados inexistentes a fim de justificar ou embasar suas propostas.

Além da elaboração do texto em si, o projeto da pesquisa que virá a ser realizada também deve ter a preocupação de não causar malefícios aos sujeitos envolvidos no estudo, de modo que sua autonomia em participar ou não do estudo, bem como a garantia de seu anonimato, sejam preservadas. Algumas áreas de conhecimento instituem que o projeto, antes de ser realizado, deve ser submetido a um comitê de ética em pesquisa. Na área da saúde, por exemplo, este é um procedimento obrigatório.

2.6 A apresentação de um projeto de pesquisa

Depois da descrição dos elementos que constituem um projeto e de suas implicações éticas, a próxima pergunta é, decerto: "Qual a ordem e o agrupamento destes elementos na apresentação do projeto?"

A forma de apresentação pode variar muito. Vários institutos de pesquisa, de ensino e de fomento adotam apresentação padronizada segundo modelos próprios. Assim, é imprescindível conhecê-los previamente.

Sugerimos, então, um modelo operacional, inspirado nas regras da ABNT (Associação Brasileira de Normas Técnicas) a ser apresentado na seguinte ordem:

2.6.1 Elementos pré-textuais

Capa. Nesta primeira página deverão constar os seguintes dados:

Na margem superior, o título do projeto. Uma observação muito importante: o título do projeto deve conter os conceitos fundamentais que alicerçam a pesquisa. Deve ser uma síntese da investigação proposta.

No centro, o nome do autor do projeto.

Na margem inferior, os dizeres "Projeto de Pesquisa apresentado à (nome da instituição) como requisito parcial à obtenção (de tal e qual título e financiamento)".

No extremo da margem inferior, o local, o mês e o ano.

Página de rosto. Inclui o título do projeto, o nome do coordenador (ou, se houver somente um pesquisador, inserir seu nome), os nomes dos membros da equipe, o nome da instituição e do departamento, o local e a data.

Sumário. Apresenta a enumeração dos capítulos do trabalho na ordem em que aparecem no texto, indicando o número da página inicial de cada capítulo. As normas da ABNT que regulam a elaboração dos sumários são a NBR 6027 e NBR 6024. A numeração dos capítulos ou seções deve ser em algarismos arábicos (1, 2, 3 etc.), desde a Apresentação do problema até às Referências bibliográficas. Se o capítulo ou seção tiver subdivisão, deve ser adotada a numeração progressiva (1.1, 1.2 etc.). Não deve ser usado algarismo romano, nem letra.

Listas de ilustrações (gráficos, tabelas e quadros) com a respectiva numeração da página em que se encontram.

Lista de símbolos e abreviaturas (opcional).

2.6.2 Elementos textuais

Contém os itens:

- Apresentação do tema e do problema;
- Hipótese;
- Objetivos;
- Justificativas;
- Quadro teórico;
- Metodologia;
- Orçamento.

2.6.3 Elementos pós-textuais

Referências bibliográficas (sugerimos a consulta às normas da ABNT 6023 e 10520).

Anexos e Apêndices (opcional). Anexamos, sem numeração de páginas, aquelas informações que o pesquisador julga necessárias para melhor compreensão do projeto. Podem ser cópias de documentos, dados complementares, instrumentos de coleta de dados etc. Os anexos são numerados em arábico no alto das páginas e são citados no corpo do texto.

Por fim, devemos lembrar que o estilo da redação obedece a algumas qualidades essenciais (cf. Bastos; Paixão; Fernandes, 1982):

a) Deve ser claro, isto é, não deixar margem para ambiguidades. É importante evitar os rebuscamentos e excesso de termos, sobretudo de adjetivos. Como convida Wright Mills (Mills, 1972, p. 241): "imponhamos a nós mesmos, e aos outros, a simplicidade das afirmações claras".

b) Deve ser objetivo. Assim, as questões serão tratadas de maneira direta e simples, evitando-se meias-palavras e frases longas.

Como recomendação geral, apontamos o fato de que não se deve misturar os tempos de verbo, tampouco os pronomes pessoais. Se quisermos um estilo mais confessional, mais aceito na antropologia, usaremos a primeira pessoa do singular. O emprego da primeira pessoa do plural é demasiado corrente. Empregamos também, frequentemente, uma forma mais impessoal, que é a voz passiva. Por exemplo: "Encontra-se neste trabalho..."

Como tratamos de um projeto de pesquisa, o tempo verbal recomendado, por conseguinte, é o futuro, uma vez que indica uma intenção de pesquisa ainda a ser realizada.

Lembremo-nos que o projeto é um instrumento de comunicação entre as intenções do pesquisador e seus interlocutores (orientadores, no caso de projetos ligados à graduação e pós-graduação; comunidade acadêmica em geral; órgãos financiadores e público interessado). Assim, espera-se que o texto deva ser bem-cuidado, com correto uso da língua portuguesa, com estilo elegante e conciso. Esta revisão criteriosa de estilo é chamada por alguns pesquisadores de "carpintaria de texto", mais uma vez nos lembrando do exercício artesanal com as palavras e com os conceitos.

2.7 Referências

ASSOCIAÇÃO BRASILEIRA DE NORMAS TÉCNICAS. *Informação e documentação: Referências - Elaboração: NBR 6023*. Rio de Janeiro: ABNT, 2002.

ASSOCIAÇÃO BRASILEIRA DE NORMAS TÉCNICAS. *Informação e documentação: Citações em documentos - Apresentação: NBR 10520*. Rio de Janeiro: ABNT, 2002.

BARROS, A.; LEHFELD, N. *Fundamentos de metodologia*. São Paulo: McGraw-Hill, 1986.

BASTOS, L.; PAIXÃO, L.; FERNANDES, L. *Manual para a elaboração de projetos, relatórios de pesquisa, teses e dissertações*. 3. ed. Rio de Janeiro: Guanabara, 1982.

BAUER, M.; GASKELL, G. (eds.). *Pesquisa qualitativa com texto, imagem e som: um manual prático*. Petrópolis: Vozes, 2002.

BOURDIEU, P. *O poder simbólico*. Lisboa: Difel, 1989.

BOURDIEU, P.; CHAMBOREDON, J.; PASSERON, J. *A profissão do sociólogo: preliminares epistemológicas*. 2. ed. Petrópolis: Vozes, 1999.

BRUYNE, P.; HERMAN, J.; SCHOUTHEETE, M. *Dinâmica da pesquisa em ciências sociais*. Rio de Janeiro: Francisco Alves, 1977.

DEMO, P. *Avaliação qualitativa*. 3. ed. São Paulo: Cortez, 1991 (Coleção Polêmicas do Nosso Tempo, 25).

DURKHEIM, É. As regras do método sociológico. In: DURKHEIM, É. *Coleção Os Pensadores*. São Paulo: Abril, 1978.

FUNDAÇÃO GETÚLIO VARGAS. *Dicionário de Ciências Sociais*. Rio de Janeiro: FGV, 1987.

GIL, A. *Como elaborar projetos de pesquisa*. 3. ed. São Paulo: Atlas, 1991.

LAKATOS, E.; MARCONI, M. *Metodologia do trabalho científico*. 4. ed. São Paulo: Atlas, 1992.

LAVILLE, C.; DIONNE, J. *A construção do saber: manual de metodologia da pesquisa em ciências humanas*. Porto Alegre: Artes Médicas; Belo Horizonte: UFMG, 1999.

MARCONI, M.; LAKATOS, E. *Técnicas de pesquisa*. 4. ed. São Paulo: Atlas, 1999.

MARX, K. Manuscritos econômico-filosóficos. In: *Coleção Os Pensadores*. São Paulo: Abril, 1978.

MATTAR-NETO, J. Normas técnicas. In: MATTAR-NETO, J. A. *Metodologia científica na era da informática*. São Paulo: Saraiva, 2002. p. 200-225.

MINAYO, M. *O desafio do conhecimento: pesquisa qualitativa em saúde.* 14. ed. São Paulo: Hucitec, 2006.

RUDIO, F. *Introdução ao projeto de pesquisa científica.* 2. ed. Petrópolis: Vozes, 2000.

SANTOS, A. *Metodologia científica.* 6. ed. Rio de Janeiro: DP&A, 2004.

SEVERINO, A. *Metodologia do trabalho científico.* 22. ed. São Paulo: Cortez, 2002.

VICTORA, C.; KNAUTH, D.; HASSEN, M. A construção do objeto de pesquisa. In: *Pesquisa qualitativa em saúde.* Porto Alegre: Tomo Editorial, 2000.

WEBER, M. A "objetividade" do conhecimento nas ciências sociais. In: COHN, G. (org.). *Max Weber: sociologia.* Rio de Janeiro: Ática, 1986. p. 79-127.

WRIGTH MILLS, C. Apêndice: do artesanato intelectual. In: WRIGTH MILLS, C. *A imaginação sociológica.* 3. ed. Rio de Janeiro: Zahar, 1972. p. 211-243.

3

TRABALHO DE CAMPO:
CONTEXTO DE OBSERVAÇÃO, INTERAÇÃO E DESCOBERTA

Maria Cecília de Souza Minayo[2]

3.1 Introdução

Quando terminamos a fase exploratória de uma pesquisa qualitativa, cujo produto principal é o *projeto de pesquisa* no qual já está estabelecido o espaço para investigar e decidido com que grupo trabalhar, chega a hora de iniciar o *trabalho de campo* propriamente dito.

O *trabalho de campo* permite que o pesquisador se aproxime da realidade acerca da qual formulou uma pergunta, e também visa a estabelecer uma interação com os diferentes "atores" (pessoas com as quais vamos trabalhar) que fazem parte da realidade. Assim, sua finalidade é construir um conhecimento empírico, considerado importantíssimo para quem faz pesquisa social. É claro que a riqueza desta etapa dependerá da qualidade da fase exploratória. Ou seja,

2. À memória de Otávio Cruz Neto, autor da primeira versão deste capítulo.

depende da clareza da questão formulada, do levantamento bibliográfico bem-feito que permita ao pesquisador partir do conhecimento já existente e não repetir o nível primário da "descoberta da pólvora", dos conceitos bem-trabalhados que viabilizem sua operacionalização no campo das hipóteses formuladas.

Todo pesquisador precisa ser um curioso, um perguntador. E essa qualidade deve ser exercida o tempo todo no trabalho de campo, pois este será tanto melhor e mais frutuoso quanto mais o pesquisador for capaz de confrontar suas teorias e suas hipóteses com a realidade empírica. Assim, ele não deve ser um formalista que se apega à letra de seu projeto e nem um empirista para quem a realidade é o que ele vê "a olhos desarmados", ou seja, sem o auxílio da contextualização e dos conceitos. Nem um nem outro, sozinho, contém a verdade.

Desta forma, no campo, o pesquisador precisa não ficar preso às surpresas que encontrar e tampouco tenso por não obter resposta imediata a suas indagações. É claro que a experiência o ajudará no seu comportamento. Mas é possível recomendar que sempre exercite um olhar dinâmico e atento que passe da confrontação da proposta cientificamente formulada para as descobertas empíricas e vice-versa. Quanto à importância desse balizamento dialético, o clássico antropólogo Malinowski (1984) diz que o investigador deve se preparar muito bem, como se tudo dependesse dele. Porém, se houver uma discrepância entre sua teoria e a realidade concreta, ele deve privilegiar essa realidade, relativizando suas hipóteses e pressupostos.

Entendemos *campo*, na pesquisa qualitativa, como o recorte espacial que diz respeito à abrangência, em termos empíricos, do recorte teórico correspondente ao objeto da investigação (cf. Minayo, 2012; 2014). Por exemplo, quando tratamos de entender as concepções de saúde e de doença de determinado grupo social; quando buscamos compreender a relação pedagógica entre os estudantes e o professor de determinada matéria, ou o impacto de determinada política pública para uma população específica, cada um desses temas corresponde a um campo empírico determinado. A pesquisa social trabalha com *gente e com suas realizações*, compreendendo as pessoas ou grupos como atores sociais em relação e em perspectivas. Assim como os documentos devem ser considerados produtos, projetos e exposição de ações. Os sujeitos e os objetos de investigação, primeiramente, são construídos teoricamente na condição de componentes do *objeto de estudo*. No campo, eles fazem parte de uma relação de intersubjetividade, de interação social com o pesquisador, daí resultando num produto compreensivo que não é a realidade concreta e sim uma descoberta construída com todas as disposições em mãos do investigador: suas hipóteses e pressupostos teóricos, seu quadro conceitual e metodológico, suas interações, suas entrevistas e observações, suas inter-relações com os colegas de trabalho.

Embora haja muitas formas e técnicas de realizar o trabalho de campo empírico, dois são os instrumentos principais: a observação e a entrevista.

Enquanto a primeira é feita acerca de tudo aquilo que não é dito, mas pode ser visto e captado por um observador atento e persistente, a segunda tem como matéria-prima a fala de alguns interlocutores.

Na pesquisa qualitativa, a *interação* entre o pesquisador e os sujeitos pesquisados é essencial. Todo o empenho é investido para que "*o corpo e o sangue da vida real componham o esqueleto das construções abstratas*", como diz o renomado antropólogo Malinowski (1984, p. 37) ao usar uma metáfora da biologia.

Pela sua importância, o trabalho de campo deve ser realizado não somente a partir de referenciais teóricos mas também de aspectos operacionais. Isto é, não se pode pensar num trabalho de campo neutro. A forma de realizá-lo revela as preocupações científicas dos pesquisadores que selecionam tanto os fatos a serem observados, coletados e compreendidos como o modo como serão recolhidos. Esse cuidado é necessário porque o campo da pesquisa social não é transparente, de modo que tanto o pesquisador como os seus interlocutores e os fatos observados interferem no conhecimento da realidade. Essa interferência faz parte da própria natureza da pesquisa social, uma vez que esta nunca é neutra.

O que torna o trabalho interacional (ou seja, de relação entre pesquisador e pesquisados) um instrumento privilegiado de coleta de informações para as pessoas é a possibilidade que a *fala* tem de revelar as condições de vida, de expressar os sistemas de valores e crenças e, ao mesmo tempo, a capacidade de transmitir, por meio de um porta-voz, o que pensa o grupo dentro das mesmas condições históricas, socioeconômicas e culturais que o interlocutor.

3.2 Entrevista como técnica privilegiada de comunicação

Entrevista, tomada no sentido amplo de comunicação verbal, e no sentido restrito de coleta de informações a respeito de determinado tema científico, é a estratégia mais usada no processo de trabalho de campo. A entrevista é, acima de tudo, uma conversa a dois, ou entre vários interlocutores, realizada por iniciativa do entrevistador e sempre inserida numa finalidade. Ela tem o objetivo de construir informações pertinentes para um objeto de pesquisa, bem como para um tratamento empreendido pelo entrevistador, de temas igualmente pertinentes cuja finalidade reside neste mesmo objetivo.

As *entrevistas* podem ser consideradas *conversas que visam a determinados fins* e se caracterizam pela sua forma de organização. Podem ser classificadas em:

a) *sondagem de opinião*, no caso de serem elaboradas mediante um questionário totalmente estruturado, no qual a escolha do informante está condicionada a dar respostas a perguntas formuladas pelo investigador;
b) *semiestruturada*, que combina perguntas fechadas e abertas nas quais o entrevistado tem a possibilidade de discorrer acerca do tema em questão sem se prender à indagação formulada;
c) *aberta ou em profundidade*, em que o informante é convidado a falar livremente a respeito de um tema, e as perguntas do investigador, quando são feitas, buscam dar mais profundidade às reflexões;
d) *focalizada*, quando se destina a esclarecer apenas um determinado problema;

e) *projetiva*, que usa dispositivos visuais como filmes, vídeos, pinturas, gravuras, fotos, poesias, contos e redações de outras pessoas. Essa última modalidade constitui um convite ao entrevistado para discorrer acerca do que vê ou lê. É geralmente usada quando precisamos tratar de assuntos difíceis e delicados e temos problemas para tratá-los diretamente.

É também por meio de entrevistas que realizamos pesquisas baseadas em narrativas de vida, igualmente denominadas "histórias de vida", "histórias biográficas", "etnobiografias" e história oral. Acrescentamos a essas modalidades os grupos focais que podem ser definidos com uma modalidade de *entrevista em grupo* em que as falas de um são confrontadas com as dos outros.

A *entrevista* como fonte de informação pode nos fornecer dados secundários e primários de duas naturezas:

a) os primeiros dizem respeito a fatos que o pesquisador poderia conseguir por meio de outras fontes como censos, estatísticas, registros civis, documentos, atestados de óbito e outros;

b) os segundos – que são objetos principais da investigação qualitativa – referem-se a informações diretamente construídas no diálogo com o indivíduo entrevistado e tratam da reflexão do próprio sujeito acerca da realidade que vivencia. Os cientistas sociais costumam denominar esses últimos dados como "subjetivos", pois só podem ser conseguidos com a contribuição da pessoa. Constituem uma representação da realidade: ideias, crenças, maneira de pensar; opiniões, sentimentos, maneiras de sentir; maneiras de atuar; condutas; projeções para o futuro; razões conscientes ou inconscientes de determinadas atitudes e comportamentos.

Uma *entrevista*, como forma privilegiada de interação social, está sujeita à mesma dinâmica das relações existentes na própria sociedade. Quando se trata de uma sociedade ou de um grupo marcado por muitos conflitos, cada entrevista expressa de forma diferenciada a luz e a sombra da realidade, tanto no ato de realizá-la como nos dados que aí são produzidos. Além disso, pelo fato de captar formalmente a fala a respeito de determinado tema, a *entrevista*, quando analisada, precisa incorporar o contexto de sua produção e, sempre que possível, ser acompanhada e complementada por informações provenientes de observação participante. Desta forma, além da fala, que é seu material primordial, o investigador qualitativista terá em mãos elementos de relações, de práticas, de cumplicidades, de omissões e de imponderáveis que pontuam o cotidiano.

Algumas considerações práticas são, a seguir, aventadas, de modo que precisam ser levadas em conta em qualquer situação de interação empírica, sobretudo na formalidade de uma entrevista, seja ela estruturada, semiestruturada ou não estruturada. Todas dizem respeito à entrada do entrevistador em campo:

- *Apresentação*: o princípio básico em relação a esse ponto é que uma pessoa de confiança do entrevistado (líder da coletividade, pessoa conhecida e bem-aceita) faça a mediação entre ele e o pesquisador. Seria muito arriscado entrar, sobretudo em comunidades ou grupos conflituosos, sem antes saber o que o mediador representa: ele pode tanto abrir como fechar portas.

- *Menção do interesse da pesquisa*: o investigador deve discorrer resumidamente a respeito do trabalho para seu entrevistado e, também, dizer-lhe em quê seu depoimento pode contribuir direta ou indiretamente para a pesquisa como um todo, para a comunidade e para o próprio entrevistado. Ainda é importante mencionar e explicar a importância e a finalidade da instituição à qual o pesquisador está vinculado a fim de dar segurança a seu interlocutor.
- *Apresentação de credencial institucional.* Hoje, sobretudo em caso de pesquisas em equipe, o coordenador costuma escrever uma carta introdutória em que todos os aspectos principais do estudo são mencionados, o papel é institucionalmente timbrado e, em adendo, é apresentado um termo de adesão para ser assinado pelo interlocutor. Esse termo passou a ser exigido desde a portaria 96/1996 do Ministério da Saúde, a qual regula as pesquisas nacionais com seres humanos. Mesmo levando em conta todos esses cuidados, nada substitui a introdução feita por alguém de confiança de ambas as partes que possa fazer a mediação entre o pesquisador e seus interlocutores.
- *Explicação dos motivos da pesquisa*, em linguagem de senso comum, em respeito aos que não dominam necessariamente os códigos das ciências sociais.
- *Justificativa da escolha do entrevistado*, buscando mostrar-lhe em que ponto e por que foi selecionado para essa conversa.
- *Garantia de anonimato e de sigilo* quanto aos dados, assegurando aos informantes que não se trata de uma entrevista de mídia na qual os nomes precisam ser ditos e, ao mesmo tempo, mostrando que sua contribuição faz sentido para o conjunto do trabalho.

- *Conversa inicial* a que alguns pesquisadores denominam "aquecimento". Visa a quebrar o gelo, perceber se o possível entrevistado tem disponibilidade para dar informações e criar um clima o mais descontraído possível para a conversa. No caso de estar combinada com a observação participante, a construção da identidade do pesquisador pelo grupo vai se forjando nas várias instâncias de convivência, desde o início.

Apesar de todos os esforços e cuidados, sempre haverá dificuldades típicas das interações no trabalho de campo. Do mesmo modo, os procedimentos enumerados não são nem normas rígidas nem um preceituário a ser cumprido de forma seriada pelo pesquisador. São sugestões que podem ajudá-lo no processo de interação e no diálogo com os interlocutores.

No caso da pesquisa qualitativa, ao contrário do que muitos podem pensar, é fundamental o envolvimento do entrevistado com o entrevistador. Em lugar dessa atitude se constituir numa falha ou num risco comprometedor da objetividade, ela é condição imprescindível de aprofundamento da investigação e da própria objetividade. Em geral, os melhores trabalhadores de campo são os mais simpáticos e que melhor se relacionam com os entrevistados. A inter-relação que contempla a dimensão afetiva, existencial, contextual do dia a dia, bem como as experiências e a linguagem do senso comum no ato da entrevista, é condição *sine qua non* do êxito da pesquisa qualitativa.

Além da entrevista individual, uma técnica cada vez mais usada no trabalho de campo qualitativo é a dos *grupos focais*, que consistem em reuniões com um pequeno número de interlocutores (seis a doze no máximo). Que importância tem o grupo focal e qual sua diferença em relação à entrevista individual? Essa técnica de interpelação muitas vezes é usada de forma funcional, como uma finalidade em si, sobretudo quando são muitos atores e torna-se mais prático reuni-los em torno de grupos. Mas ele também pode subsidiar as entrevistas. Por exemplo, o investigador destaca um tema que julga importante aprofundar e o traz para o debate de um grupo. No entanto, a real dimensão de utilidade dos grupos focais é o seu papel interativo, o qual permite a formação de consensos quanto a determinado assunto ou a demonstração de dissensos a partir das mútuas argumentações, ao contrário das entrevistas que costumam ocorrer de forma solitária. Desta forma, seu resultado é único e diferente daquele que o pesquisador pode obter numa interlocução com uma única pessoa (cf. Minayo, 2014).

A técnica exige a presença de um animador e de um relator. O primeiro tem o papel de focalizar o tema, de promover a participação de todos, de inibir os monopolizadores da palavra e de aprofundar a discussão. Schrimshaw (1987) assim resume o papel do animador:

a) introduzir a discussão e mantê-la acesa;

b) enfatizar para o grupo que não há respostas certas ou erradas;

c) observar os participantes, encorajando a palavra de cada um;

d) buscar as *deixas* para propor aprofundamentos;

e) construir relações com os participantes para aprofundar, individualmente, respostas e comentários considerados relevantes para a pesquisa;

f) observar as comunicações não verbais;

g) monitorar o ritmo do grupo visando a finalizar o debate no tempo previsto. Em geral, o tempo de duração de uma reunião não deve ultrapassar uma hora e meia.

O segundo papel é do *relator*, que, além de auxiliar o coordenador nos aspectos organizacionais, deve estar atento para nada deixar de anotar a respeito do processo criativo e interativo, registrando-o por completo. A escolha da pessoa promovida pelo coordenador é crucial para o êxito do trabalho, pois tanto o pesquisador como o relator devem focalizar o objetivo proposto.

É preciso reforçar a importância dos grupos focais. Junto com o uso das histórias de vida, das entrevistas abertas ou semiestruturadas e da observação participante, o pesquisador constrói uma série de possibilidades de informações que lhe permitem levar em conta várias opiniões acerca do mesmo assunto e obter mais informações acerca da realidade. Os grupos focais têm ainda a qualidade de permitir a formação de consensos a respeito de determinado assunto ou de cristalizar opiniões díspares a partir de argumentações, ao contrário das entrevistas que costumam ocorrer de forma solitária.

Devemos ressaltar também que em todas as formas de interpelação – nas entrevistas, nos grupos focais ou em outras – devem ser usados *instrumentos adequados para registro das falas e dos debates*, instrumentos esses que devem ter sido preparados na fase exploratória da pesquisa.

O registro fidedigno, e, se possível "ao pé da letra", de entrevistas e de outras modalidades de coleta de dados cuja matéria-prima é a *fala*, torna-se crucial para uma boa compreensão da *lógica interna* do grupo ou da coletividade estudada. Dentre os instrumentos de garantia da fidedignidade o mais usual é a gravação da conversa. Quando existe possibilidade técnica e se observa abertura do grupo pesquisado, podem ser usados outros recursos, como as filmagens.

É necessário ressaltar que qualquer tentativa de assegurar o registro em toda a sua integridade precisa do consentimento dos interlocutores. Em geral, o pesquisador de campo não costuma ter dificuldade na apresentação desses instrumentos e na consecução da licença dos entrevistados para usá-los. Ocorrem restrições e oposições, no entanto, quando o tema da fala é espinhoso, controverso ou polêmico e põe em risco a reputação da pessoa. Nesse caso, o pesquisador deve anotar tudo com suas próprias palavras na tentativa de manter fidedignidade ao sentido conferido pelo interlocutor. É óbvio que tudo deve ser mantido no anonimato, pois um pesquisador social não é um repórter e tampouco precisa identificar seu informante diretamente, mas sim a partir de atributos gerais que designem seu lugar social.

3.3 Observação participante

A *observação participante* pode ser considerada parte essencial do trabalho de campo na pesquisa qualitativa. Sua importância é de tal ordem que alguns estudiosos a consideram não apenas uma estratégia no conjunto da investigação das técnicas de pesquisa, mas como um método que, em si mesmo, permite a compreensão da realidade. Em muitas situações ela costuma ser mais importante do que qualquer outra técnica.

Definimos *observação participante* como um processo pelo qual um pesquisador se situa como observador de uma conjuntura social com a finalidade de realizar uma investigação científica. O observador, neste caso, encontra-se em relação direta com seus interlocutores no espaço social da pesquisa, participando, na medida do possível, de suas vidas sociais em seus respectivos cenários culturais, porém com a finalidade de colher dados e de compreender o contexto da pesquisa. Por isso, o observador faz parte do contexto sob sua observação e, sem dúvida, modifica-o, porquanto nele interfere, assim como é por ele modificado pessoalmente.

A filosofia que fundamenta a *observação participante* é a necessidade que todo pesquisador social tem de relativizar o espaço social de onde provém, aprendendo a se inserir no lugar do outro. Como já dissemos anteriormente, no trabalho qualitativo a proximidade com os interlocutores, longe de ser um inconveniente, é uma virtude e até mesmo uma necessidade.

Mas a atividade de observação tem também um sentido prático. Ela permite ao pesquisador livrar-se com mais facilidade de prejulgamentos, uma vez que não o torna, necessariamente, prisioneiro de um instrumento rígido de coleta de dados ou de hipóteses testadas antes ou durante o processo de pesquisa. Na medida em que convive com o grupo, o observador pode retirar de seu roteiro questões que percebe serem irrelevantes do ponto de vista dos interlocutores; consegue também compreender aspectos que afloram aos poucos, situação impossível para um pesquisador que trabalha com questionários fechados e padronizados de antemão. A observação participante ajuda, portanto, a vincular os fatos a suas representações e a desvendar as contradições entre as normas, as regras e as práticas vividas cotidianamente pelo grupo ou instituição observados.

O principal instrumento de trabalho de observação é o chamado *diário de campo*, que nada mais é do que um caderninho, uma caderneta ou um arquivo eletrônico no qual escrevemos todas as informações que não integram o material formal de entrevistas em suas várias modalidades. Respondendo a uma pergunta frequente, as informações escritas no *diário de campo* devem ser usadas pelo pesquisador quando este der início à análise qualitativa.

O texto considerado pelos antropólogos como um clássico acerca do *trabalho de campo* foi escrito em 1922 por Malinowski, no que tange à sua inserção entre os nativos das Ilhas Trobriand, denominado *Os argonautas do Pacífico Ocidental* (Malinowski, 1984). A rica experiência transmitida e as bases metodológicas por ele lançadas continuam atuais, de modo que sua legitimidade permanece intocável até hoje. Malinowski (1984), a partir de sua experiência, ressalta os passos da inserção na realidade empírica:

a) necessidade de ter perícia científica;
b) importância da observação participante;
c) usação de técnicas de coleta, de ordenação e de apresentação do que denomina evidências.

Acima de tudo, Malinowski valoriza o processo de observação direta, distinguindo-o dos outros momentos do trabalho de campo, como os de depoimento dos entrevistados e os de interpretações e inferências do pesquisador. Ele diz:

> Toda a estrutura de uma sociedade encontra-se incorporada no mais evasivo de todos os materiais: o ser humano (Malinowski, 1984, p. 40).

Por isso o pesquisador precisa, de alguma forma, imergir em seu terreno de estudo, na medida do possível compartilhando-o com o grupo estudado. Malinowski faz uma crítica radical às modalidades de pesquisa social que explicam a realidade social apenas "apreendendo" um de seus níveis por meio de questionários. Comenta que esse tipo de ciência de lógica quantitativa percebe apenas o esqueleto da sociedade, mas não compreende a vida que pulsa porque, no caso dos questionários, o cientista está longe do lugar onde as coisas acontecem.

Esse mesmo autor comenta que há uma série de fenômenos de grande importância que não podem ser registrados por meio de perguntas ou de documentos quantitativos, não obstante o fato de que devem ser observados *in loco*, na situação concreta em que ocorrem. Entre eles se incluem coisas como a rotina de um dia de trabalho, os detalhes do cuidado com o corpo, a maneira de comer e de preparar as refeições; o tom das conversas e da vida social ao redor das casas (ou em outros espaços que são objeto da pesquisa), a existência de hostilidades, de simpatias e de antipatias entre as pessoas; a maneira sutil, porém inquestionável, em que as vaidades e ambições pessoais se refletem nas reações emocionais dos indivíduos.

Malinowski sugere um tipo de comportamento, por meio do qual define a essência da antropologia, para o pesquisador que vai a campo:

> Ter uma atitude que consiste em desenvolver uma visão estereoscópica das atividades e ideias humanas através de conceitos inteligíveis a todos (Malinowski, 1984, p. 56).

Ou seja, cabe ao pesquisador ser um perscrutador insistente, que, em sua mente, se posiciona sempre entre as balizas dos conhecimentos teóricos e as informações de seus observados. Esse balanço entre uma postura e outra é referida por Malinowski nas duas citações a seguir:

> O bom treinamento teórico e a familiaridade com os mais recentes resultados científicos não são equivalentes a estar carregado de ideias preconcebidas. Se um indivíduo inicia uma pesquisa com a determinação de provar certas hipóteses, se não é capaz de mudar constantemente seus pontos de vista e de rejeitá-los sem relutância, sob a pressão da evidência, é desnecessário dizer que seu trabalho será inútil (Malinowski, 1984, p. 45).
>
> Quanto mais problemas o pesquisador trouxer para o campo, quanto mais estiver habituado a conformar suas teorias aos fatos e a considerar os fatos na sua importância para a teoria, tanto melhor capacitado estará para o trabalho. As ideias preconcebidas são perniciosas em qualquer tarefa científica, mas os problemas antevistos constituem a principal qualidade de um pensador científico, e esses problemas são revelados, pela primeira vez ao observador, por seus estudos teóricos (Malinowski, 1984, p. 45).

Outro autor muito importante e que nos ajuda a pensar e teorizar o trabalho de campo é Alfred Schutz (1973), um importante sociólogo americano que nos propõe algumas atitudes:

a) colocar-nos no mundo dos entrevistados, buscando entender os princípios gerais que eles seguem para organizar suas experiências cotidianas. Desvendar essa lógica, diz ele, é condição preliminar da pesquisa;

b) mantermos uma perspectiva dinâmica, que nos faça levar em conta as relevâncias dos nossos interlocutores, tendo em mente as questões por eles trazidas quanto ao assunto que estamos investigando;

c) abandonarmos qualquer postura pedante de cientista ao entrar na cena social dos entrevistados. Ao contrário, proceder como uma pessoa comum que partilha do seu cotidiano;

d) adotarmos, no campo, uma linguagem do senso comum própria dos nossos interlocutores.

A simplicidade por parte do pesquisador é fundamental para o êxito de sua observação, pois ele é menos olhado pela base lógica dos seus estudos e mais pela sua personalidade e seu comportamento. As pessoas que o introduzem no campo e seus interlocutores querem saber se ele é "uma boa pessoa" e se não vai "fazer mal ao grupo", não vai trair "seus segredos" e suas estratégias de resolver os problemas da vida. A história da pesquisa qualitativa está repleta de exemplos do quanto ela pode contribuir com a sociedade, mas também do quanto ela pode decepcionar os interlocutores e o que eles esperam como resultado da mútua interação.

Há infindáveis situações de pesquisa (na verdade, cada uma é diferente da outra), mas como norma geral, e em todas elas, a figura do pesquisador é construída com a sua colaboração apenas parcial, pois a imagem que projeta reverbera no grupo estudado a partir das referências que este dispõe dentro de seus padrões culturais específicos. Da mesma forma, a visão que o investigador constrói a respeito do grupo que é objeto de seu estudo e com o qual interage depende das pessoas com quem travar relações. Concluímos, pois, que a visão das duas partes será sempre incompleta e imprecisa.

Essa construção mútua do pesquisador e dos pesquisados por intermédio da interação é analisada por vários estudiosos que ressaltam sempre a necessidade de levá-la em conta como um dado de realidade.

Se a entrada em campo está relacionada com os problemas de identificação, da obtenção e da sustentação de contatos, a saída é também um momento crucial. As relações interpessoais que desenvolvemos no decorrer de uma pesquisa não se desfazem de uma só vez com a conclusão das atividades previstas. Há um "contato" informal de favores e de lealdade que não dá para ser rompido bruscamente, sob pena de haver uma forte decepção dos interlocutores. Para não cansar o leitor com tais questões, nós o remetemos a um artigo recente de Minayo e Guerriero (2014) em que as autoras mostram diversas situações registradas em artigos e livros nas quais os pesquisadores ou se reconhecem ou foram reconhecidos pelos entrevistados como conspurcadores da ética e causadores de problemas para as comunidades ou grupos com os quais tiveram contato.

Na condição de investigadores, trabalhamos com pessoas; logo, com relações e com afeto. Não há receitas para esse momento, mas podemos formular algumas questões que nos ajudam a estar atentos, alertas e eticamente comprometidos: Em que pé ficam as relações posteriores ao trabalho de campo? Qual o compromisso do pesquisador com o grupo no que concerne aos dados primários recolhidos, seu uso científico e as formas de retorno?

Em resumo, a saída do campo envolve problemas éticos e de prática teórica. A relação intersubjetiva que criamos pode contribuir para a definição do tipo e do momento do corte necessário nas relações mais intensas, bem como para um plano de continuidade possível ou desejada.

3.4 Consolidação do trabalho de campo

É bom que nos lembremos, mais uma vez, que no campo, assim como durante todas as etapas da pesquisa, tudo merece ser entendido como fenômeno social e historicamente condicionado: o objeto investigado, as pessoas concretas implicadas na atividade, o pesquisador e seu sistema de representações teórico-ideológicas, as técnicas de pesquisa e todo o conjunto de relações interpessoais e de comunicação simbólica.

Uma pesquisa não pode se restringir à usação de instrumentos apurados de coleta de informações. Para além das informações acumuladas, o processo de trabalho de campo nos leva, frequentemente, à reformulação de hipóteses ou, mesmo, do caminho da pesquisa. Enquanto construímos dados colhidos em interação e os articulamos a nossos pressupostos, exercitamos nossa capacidade de análise que nos acompanha em todas as fases.

Outro ponto importante de ressaltar ao final diz respeito à interação entre nós, pesquisadores, e nossos interlocutores. No processo investigativo, ainda que se parta de posições sociais diferentes e assimétricas, ambos buscamos a compreensão mútua que nos permita transcender o senso comum. No entanto, o pesquisador nunca deve buscar ser reconhecido com um papel igual ao das pessoas que entrevista ou com as quais convive no campo. O próprio entrevistado espera dele uma diferenciação, uma delimitação de seu espaço, sem pedantismos, segredos e mistérios. Sua função social lhe pede uma colaboração específica que não é e não pode ser a mera repetição do que observou e do que ouviu nas entrevistas, pois, como lembram vários autores, cabe ao pesquisador, em qualquer hipótese, aprofundar-se na compreensão contextualizada da realidade e na sua interpretação, levando em conta os dados primários que recolheu e a literatura que possa ajudá-lo a analisá-los.

Em resumo, o trabalho de campo é em si um momento relacional, específico e prático: ele vai e volta tendo como referência o mundo da vida, tendo em vista que a maioria das perguntas feitas em pesquisa social surge desse universo: da política, da economia, das relações, do funcionamento das instituições, de determinados problemas atinentes a segmentos sociais, da cultura geral ou local etc. No entanto, as perguntas que fazemos sempre nos remetem a algo desconhecido, àquilo que permanece oculto para nós, ao que nos é estranho na linguagem, na cultura, nas relações ou nas estruturas.

O trabalho de campo é, portanto, uma porta de entrada para o novo, sem, contudo, apresentar-nos essa novidade com demasiada clareza. São as *perguntas que fazemos para a realidade* a partir da teoria que apresentamos e dos conceitos transformados em tópicos de pesquisa que nos fornecerão a grade ou a perspectiva de observação e de compreensão. Por tudo isso, o trabalho de campo, além de ser uma etapa importantíssima da pesquisa, é o contraponto dialético da teoria social.

3.5 Referências

MALINOWSKI, B. *Argonautas do Pacífico Ocidental*. São Paulo: Abril, 1984.

MINAYO, M. Trabalho de campo: teoria, estratégias e técnicas. In: *O desafio do conhecimento*. São Paulo: Hucitec, 2006.

SCHRIMSHAW, S.; HURTADO, E. *Anthropological approaches for programmes improvement*. Los Angeles: Ucla, 1987.

SHUTZ, A. *Common-sense and scientific interpretations of human action*. Haia: Martinus Nijhoff Editions, 1973.

3.6 Referências comentadas

MINAYO, M. Trabalho de campo: teoria, estratégias e técnicas. In: MINAYO, M. *O desafio do conhecimento*. 9. ed. São Paulo: Hucitec, 2006. p. 201-261.

> A autora desenvolve detalhadamente a teoria e a prática do trabalho de campo em pesquisa social e também responde a algumas questões correntes entre os pesquisadores: o estado científico da palavra e da observação da realidade, o sentido de uma entrevista na condição de representação da realidade dos grupos, as controvérsias acerca dos vários procedimentos e de técnicas qualitativas e a articulação de várias estratégias. Por ser proveniente de uma vasta experiência, este estudo contribui muito para a formação de pesquisadores sociais.

BERREMAN, G. Por detrás de muitas máscaras. In: ZALUAR, A. (org.). *Desvendando máscaras sociais*. Rio de Janeiro: Francisco Alves, 1975. p. 77-96.

> O autor descreve com simplicidade e complexidade a prática que teve de trabalho de campo numa pesquisa realizada na Índia. Recorre às ideias do teatro, palco e bastidores para tratar das relações entre pesquisadores e interlocutores, mostrando como, na prática, não há objetividade, mas sim subjetividades em relação. Mas o autor se serve desse argumento para tratar da urgente necessidade do pesquisador de não somente preparar muito bem seu estudo como também de explicitar as condições de produção de seu trabalho.

DESLANDES, S. Trabalho de campo: construção de dados qualitativos e quantitativos. In: MINAYO, M.; ASSIS, S.; SOUZA, E. R. (orgs.). *Avaliação por triangulação de métodos: abordagem de programas sociais*. Rio de Janeiro: Fiocruz, 2005. p. 157-184.

> A autora do referido capítulo desenvolve em minúcias a ideia de campo, o sentido e a prática dos procedimentos, as relações sociais entre os observados e o observador, as implicações da presença do pesquisador e, sobretudo, seu texto inova em dois sentidos: quando articula as pesquisas qualitativa e quantitativa e quando descreve em detalhes o que foi observado num trabalho de campo específico. O capítulo acerca do tema se insere no contexto de um livro que subsidia o pesquisador nas estratégias de combinação ou "triangulação" de métodos.

MINAYO, M.; GUERRIERO, I. Reflexividade como éthos da pesquisa qualitativa. *Ciência & Saúde Coletiva*, v. 19, n. 4, p. 1.103-1.112, 2014.

> Este texto trata da reflexividade, ou seja, dos efeitos recíprocos do encontro entre o pesquisador e os seus interlocutores nas pesquisas qualitativas. Essa tensão constante sobre como e o que ocorre no contexto empírico e afeta tanto o pesquisador como sua obra recebe o nome de "reflexividade". Ou seja, não é possível isolar o conhecimento produzido da pessoa que o produziu. E as pesquisas qualitativas estão fortemente conectadas com os desejos, as necessidades, os objetivos e as promessas de uma sociedade democrática, pois os pesquisadores que atuam nesses campos devem assumir compromissos de cidadania com as pessoas e com os temas com os quais trabalham. Embora o trabalho qualitativo não contenha toda a verdade, e tampouco a verdade que ele apresenta seja inquestionável, quase sempre esse tipo de tratamento traz, em sua concepção, a ideia de solidariedade universal e de busca de "compreender para compartilhar transformações" em favor dos grupos estudados.

4

ANÁLISE E INTERPRETAÇÃO DE DADOS DE PESQUISA QUALITATIVA

Romeu Gomes[3]

4.1 Início de conversa

Inicialmente, gostaríamos de fazer três observações importantes para introduzir o assunto tratado neste capítulo. A primeira delas diz respeito ao fato de a análise e a interpretação dentro de uma perspectiva de pesquisa qualitativa não terem como finalidade contar opiniões ou pessoas. Seu foco é, principalmente, a exploração do conjunto de opiniões e representações sociais acerca do tema que pretende investigar. Esse estudo do material não precisa abranger a totalidade das falas e das expressões dos interlocutores porque, em geral, a dimensão sociocultural das opiniões e das representações de um grupo que tem as mesmas características costuma ter muitos pontos em comum, ao mesmo tempo em que apresenta singularidades próprias da biografia de cada interlocutor. Por outro lado, também devemos considerar que sempre haverá diversidade de opiniões e crenças dentro de um mesmo segmento social, de modo que a análise qualitativa deve dar conta dessa diferenciação interna aos grupos (cf. Gaskell, 2002;

---

3. Licenciado como professor de Sociologia e Psicologia; mestre em educação; livre-docente em psicologia; doutor em saúde pública e pesquisador titular do IFF/Fiocruz.

Gomes *et al.*, 2005). Assim, ao analisarmos e interpretarmos informações geradas por uma pesquisa qualitativa, devemos caminhar tanto na direção do que é homogêneo quanto no que se diferencia dentro de um mesmo meio social.

Outra observação importante é acerca das diferenças conceituais entre *análise* e *interpretação.* Wolcott (1994) não só diferencia essas duas expressões como as distingue do termo *descrição.* Segundo esse autor, na *descrição* as opiniões dos informantes são apresentadas da maneira mais fiel possível, como se os dados falassem por si próprios; já na análise, o propósito é ir além do descrito, isto é, fazer uma decomposição dos dados e buscar as relações entre as partes que foram decompostas; por último, na *interpretação* – que pode ser feita após a análise ou após a descrição – buscam-se os sentidos das falas e das ações para se chegar a uma compreensão ou explicação que transcenda o que fora descrito e analisado. Na pesquisa qualitativa a interpretação assume um foco central, uma vez que

> é o ponto de partida (porque se inicia com as próprias interpretações dos atores) e é o ponto de chegada (porque é a interpretação das interpretações) (Gomes *et al.*, 2005).

Em relação a essas três formas de tratamento de dados qualitativos, é importante observarmos que elas não se excluem mutuamente, uma vez que nem sempre gozam de demarcações distintas entre si. Isso significa, por exemplo, que, quando descrevemos dados de uma pesquisa, podemos fazê-lo a partir de um esquema de análise que, por sua vez, já reflete uma certa interpretação. Apesar de, em nossa experiência de pesquisa, em determinados momentos, interpretarmos os dados sem passarmos pela descrição e a análise, consideramos que a descrição e a análise podem ser caminhos úteis para uma interpretação.

Como terceira observação salientamos que, quando nos referimos à análise e à interpretação de informações geradas no campo da pesquisa qualitativa, referimo-nos a um momento em que o pesquisador procura finalizar seu trabalho, ancorando-se em todo o material coletado e articulando-o aos propósitos da pesquisa e à sua fundamentação teórica. Nesse sentido, trata-se de uma etapa final do processo de investigação. No entanto, não podemos desconsiderar dois aspectos importantes. O primeiro deles diz respeito à ideia de que tanto a análise quanto a interpretação ocorrem ao longo de todo o processo. Já o segundo se refere ao fato de que, em pesquisa qualitativa, às vezes, ao chegarmos na fase final, descobrimos que necessitamos retornar às partes das fases anteriores. Assim, se as informações coletadas não são suficientes para produzir os dados a partir das questões da pesquisa, devemos voltar ao trabalho de campo para buscar mais informações pontuais e específicas.

Ou, se não conseguimos produzir uma interpretação dos dados com as referências teóricas já trabalhadas na fase exploratória, pois as novidades que surgiram no campo exigem outras análises, devemos acrescentar leituras para produzir compreensão e interpretação cuidadosas.

Nossa experiência em pesquisa indica que não há fronteiras nítidas entre coleta das informações, início do processo de análise e interpretação. O importante, em nosso ver, é fazer uma avaliação do material disponível antes de iniciarmos a etapa final da pesquisa. Nessa avaliação devemos verificar se o material disponível:

a) revela qualidade, principalmente quanto à impressão e à clareza dos registros;

b) é suficiente para a análise.

A ideia de suficiência dos dados está muito relacionada com o que pretendemos com a pesquisa (cf. Gomes *et al.*, 2005). Se, por exemplo, desejamos analisar "as representações femininas acerca do preservativo masculino", as informações devem possibilitar, dentre outros aspectos, uma discussão sólida e o estabelecimento de conclusão acerca de tal propósito.

Feitas essas observações, apresentaremos, nas seções que seguem, orientações quanto à *análise de conteúdo* e quanto ao *método de interpretação de sentidos*. O primeiro procedimento é uma adaptação da tradicional técnica que surgiu no âmbito da pesquisa quantitativa e hoje é amplamente aplicado em pesquisa qualitativa. A nossa adaptação baseia-se, de um lado, na obra de Bardin (1979), a qual traz uma nova sistematização para o assunto e, de outro, em nossa experiência. Faremos uma apresentação resumida, com referências para maior aprofundamento acerca dessa técnica.

Já em relação ao *método de interpretação de sentidos*, observamos que se trata de uma proposta ancorada em obras clássicas do campo da pesquisa qualitativa e em nossa experiência adquirida com um grupo de pesquisadores que integram o Centro Latino-americano de Estudos de Violência e Saúde (Claves), vinculado à Escola Nacional de Saúde Pública (Ensp) e em parceria com o Instituto Fernandes Figueira (IFF), unidades da Fundação Oswaldo Cruz (Fiocruz). Assim como na *análise de conteúdo*, apresentaremos o assunto de forma resumida. Os interessados num aprofundamento maior acerca do assunto poderão consultar a obra de Gomes *et al.* (2005).

4.2 Análise de conteúdo

4.2.1 História e conceituação

A *análise de conteúdo* surgiu no início do século XX, num cenário em que predominava o behaviorismo. Essa corrente psicológica - influenciada por princípios do positivismo - preconizava, com um máximo de rigor e cientificidade, a descrição de comportamentos (vistos como resposta a estímulos). A estratégia de análise de conteúdo, a qual passara por várias formas de efetivação ao longo desse século, inicialmente era concebida a partir de uma perspectiva quantitativa. A conceituação de Berelson (nome considerado marco da história da técnica) ilustra muito bem essa concepção. Segundo esse autor, essa técnica de pesquisa se voltava para a descrição objetiva, sistemática e quantitativa do conteúdo manifesto da comunicação (cf. Bardin, 1979).

Pesquisas norte-americanas a respeito da imprensa tornaram a técnica deveras conhecida. Dentre elas, salientamos as investigações de Lasswell quanto aos símbolos políticos que, dentre outros resultados, trazia à tona a propaganda presente em jornais no período da Primeira Guerra Mundial.

Depois da primeira metade do século passado, observamos muitas controvérsias a respeito da técnica propriamente dita, de seu grau de cientificidade e de sua eficácia. As discussões dividiram teóricos e pesquisadores que defendiam a perspectiva quantitativa da técnica (priorizando a frequência com que surgem características dos conteúdos de um tema) e os que defendiam a perspectiva qualitativa (valorizando a presença ou a ausência de uma característica de conteúdo ou de fragmento de mensagem). Alguns autores também buscavam uma conciliação dos termos, buscando formas e possibilidades de conjugar o formalismo estatístico e a análise qualitativa de materiais, numa tentativa de sair da polarização entre quantitativo/qualitativo. Como afirma Bauer,

> No divisor quantidade/qualidade das ciências sociais, a análise de conteúdo é uma técnica híbrida que pode mediar esta improdutiva discussão sobre virtudes e métodos (Bauer, 2002, p. 190).

A história da análise de conteúdo – com seus primórdios, sua expansão e sua atualização até os anos de 1970 – encontra-se muito bem sistematizada por Bardin (1979). Em sua obra clássica, essa autora nos traz uma definição abrangente acerca do assunto. Segundo ela, a análise de conteúdo é um

> conjunto de técnicas de análise das comunicações visando obter, por procedimentos sistemáticos e objetivos de descrição do conteúdo das mensagens, indicadores (quantitativos ou não) que permitem a inferência de conhecimentos relativos às condições de produção/recepção (variáveis inferidas) destas mensagens (Bardin, 1979, p. 42).

Com essa definição, alguns avanços são percebidos já na década de 1970:

a) a existência de mais uma técnica para analisar conteúdos de mensagens;
b) a possibilidade de conteúdos serem analisados a partir da perspectiva qualitativa;
c) o uso de inferências que partem da descrição dos conteúdos explícitos da comunicação para se chegar a dimensões que transcendem a mensagem. Em outras

palavras, por intermédio da análise de conteúdo, podemos caminhar na descoberta do que está por trás dos conteúdos manifestos, indo além das aparências do que está sendo comunicado.

Quanto a essa perspectiva da análise de conteúdo, Minayo observa que:

> Os pesquisadores que buscam a compreensão dos significados no contexto da fala, em geral, negam e criticam a análise de frequências das falas e palavras como critério de objetividade e cientificidade e tentam ultrapassar o alcance meramente descritivo da mensagem, para atingir, mediante inferência, uma interpretação mais profunda (Minayo, 2014, p. 307).

É com essa perspectiva que trabalharemos a análise de conteúdo neste capítulo.

O uso da análise de conteúdo é demasiadamente variado. Como exemplo, podemos mencionar as seguintes situações:

a) análise de obras de um romancista para identificar seu estilo ou para descrever a sua personalidade;

b) análise de depoimentos de telespectadores que assistem a um programa ou de depoimentos de leitores de jornal para determinar os efeitos dos meios de comunicação de massa;

c) análise de livros didáticos para o desvelar de ideologias subjacentes;

d) análise de depoimentos de representantes de um grupo social para se levantar o universo vocabular desse grupo.

Para ilustrarmos o vasto campo de aplicação da análise de conteúdo, apresentamos o seguinte quadro de Bardin (1979), por nós adaptado:

Código e suporte	Exemplos em relação ao número de pessoas implicadas na comunicação			
	1 pessoa (monólogo)	2 pessoas (diálogo)	Grupo restrito	Comunicação de massa
Linguístico – escrito	Agenda, diário	Cartas, trabalhos escolares	Notas e documentos	Jornais, livros, cartazes
Linguístico – oral	Delírios, sonhos, histórias	Entrevistas e conversas	Entrevistas e conversas	Discurso, palestra, programas de rádio e tv
Iconográfico*	Rabiscos, sonhos, desenhos	Comunicação por imagens	Comunicação por imagens	Cartazes, quadros, imagens publicitárias
Outros códigos semióticos**	Tiques, coleções, dança	Comunicações não verbais (vestuário, posturas)	Comunicações não verbais (vestuário, posturas)	Monumentos, sinais urbanos, comportamentos institucionais

* Sinais, imagens, filmes, fotografia.

** Exemplos: comportamentos, música e objetos.

Retomando a conceituação de Bardin (1979), observamos que a autora menciona a análise de conteúdo como um conjunto de técnicas a fim de indicar que há várias maneiras para se analisar conteúdos de materiais de pesquisa. Realçamos as seguintes:

a) análise de avaliação ou análise representacional;
b) análise de expressão;
c) análise de enunciação;
d) análise temática.

A *análise de avaliação ou análise representacional* se presta a medir as atitudes do locutor quanto aos objetos de que fala, levando em conta que a linguagem representa e reflete quem a usa. A *atitude* é o conceito básico, entendendo-a como predisposição, relativamente estável e organizada, para reagir sob forma de opinião (verbal), ou de atos (comportamental) em presença de objetos (pessoas, ideias, acontecimentos etc.). Nessa análise, leva-se em consideração a direção ("em favor ou contra") e a intensidade ("fria ou apaixonada") dos juízos selecionados (cf. Bardin, 1979; Minayo, 2006).

Na *análise de expressão* trabalhamos com indicadores para atingir a inferência formal. Por intermédio dela, partimos do princípio de que existe correspondência entre o tipo de discurso e as características do locutor e de seu meio. Nessa modalidade, enfatizamos a necessidade de conhecer os traços pessoais do autor da fala (cf. Bardin, 1979; Minayo, 2006).

A *análise de enunciação* costuma ser usada para se analisar entrevistas abertas. Nela, levamos em conta a comunicação como um processo e não como um dado estatístico. Essa modalidade trabalha com:

a) as condições de produção da palavra (respeita as exigências da lógica socialmente aceita – a fala é um discurso);
b) análise das estruturas gramaticais;
c) análise da lógica de organização do discurso;
d) análise das figuras de retórica.

Tal técnica, sob a influência da psicanálise lacaniana, procura focalizar estruturas formais que podem esconder conflitos latentes, analisando jogos de palavras, chistes, lapsos e silêncios. Considera cada entrevista estudada em si mesma. Se houver mais de uma entrevista, o estudo é desenhado a partir de vários casos. Nela, não há hipóteses prévias para a análise dos enunciados (cf. Bardin, 1979; Minayo, 2006).

Já na *análise temática*, como o próprio nome indica, o conceito central é o *tema*. Este comporta um feixe de relações e pode ser graficamente apresentado por meio de uma palavra, de uma frase, de um resumo:

> O tema é a unidade de significação que se liberta naturalmente de um texto analisado segundo critérios relativos à teoria que serve de guia à leitura (Bardin, 1979, p. 105).

Trabalhar com a análise temática

> consiste em descobrir os "núcleos de sentido" que compõem a comunicação e cuja presença ou frequência de aparição pode significar alguma coisa para o objetivo analítico escolhido (Bardin, 1979, p. 105).

É nessa modalidade com a qual trabalharemos neste capítulo.

4.2.2 Unidades de registro e unidades de contexto

Podemos optar por vários tipos de unidades de registro para analisarmos o conteúdo de uma mensagem. Essas unidades se referem aos elementos obtidos por meio da decomposição do conjunto da mensagem. Podemos usar a palavra como uma unidade a fim de trabalharmos com todas as palavras de um texto ou com apenas algumas que são destacadas de acordo com a finalidade de um estudo. A frase e a oração também são outros exemplos de unidade de registro. Outra unidade é o tema que se refere a uma unidade maior em torno do qual tiramos uma conclusão. A partir da influência de várias disciplinas, como Sociologia, Linguística, Psicologia e Antropologia, surgiu um vasto campo de unidades de registro, a exemplo de: personagem de uma narrativa, documento, livro, filme, imagem, entrevista, monumento, cartaz, desenho e comunicação não verbal. Essas unidades podem ser combinadas a depender da natureza da pesquisa.

Além das unidades de registro, numa análise de conteúdo de mensagens é imprescindível definirmos as unidades de contexto, situando uma referência mais ampla para a comunicação. Em outras palavras, devemos compreender o contexto do qual a mensagem que analisamos faz parte.

4.2.2.1 Procedimentos metodológicos

Dentre os procedimentos metodológicos da análise de conteúdo usados a partir da perspectiva qualitativa (seja ou não de forma exclusiva), ressaltamos os seguintes: categorização, inferência, descrição e interpretação. Esses procedimentos necessariamente não ocorrem de forma sequencial. Entretanto, em geral, costuma-se, por exemplo:

a) decompor o material a ser analisado em partes (o que é parte dependerá da unidade de registro e da unidade de contexto que escolhemos);

b) distribuir as partes em categorias;

c) fazer uma descrição do resultado da categorização (expondo os achados encontrados na análise);

d) fazer inferências dos resultados (lançando-se mão de premissas aceitas pelos pesquisadores);

e) interpretar os resultados obtidos com auxílio da fundamentação teórica adotada.

Observamos que nem toda análise de conteúdo segue essa trajetória. O caminho a ser seguido pelo pesquisador dependerá dos propósitos da pesquisa, do objeto de estudo, da natureza do material disponível e da perspectiva teórica por ele adotada.

Podemos considerar a categorização como

> uma operação de classificação de elementos constitutivos de um conjunto, por diferenciação e, seguidamente, por reagrupamento segundo o gênero (analogia), com critérios previamente definidos. As categorias são rubricas ou classe, as quais reúnem um grupo de elementos (unidades de registro) sob um título genérico (Bardin, 1979, p. 117).

Trabalhando com depoimentos, por exemplo, podemos agregar aqueles que versam acerca de "ofensas morais" e de "perdas materiais" numa categoria denominada "danos". A categorização tanto pode ser realizada previamente, exigindo um conhecimento sólido por parte do pesquisador para encontrar um esquema classificatório adequado ao assunto a ser analisado, como pode surgir a partir da análise do material de pesquisa.

Observamos que esse procedimento é uma tentativa de se caminhar na objetivação no decorrer da análise. Para que tenhamos uma categorização (ou classificação), é importante garantirmos que as categorias (ou classes) sejam homogêneas. Em outras palavras, cada categoria deve ser obtida a partir dos mesmos princípios usados para toda a categorização. Podemos, por exemplo, classificar os conteúdos de um conjunto de entrevistas seguindo uma divisão de valores morais adotados pelos entrevistados (seja ou não de forma consciente). Assim, cada uma das classes seria obtida tendo como foco valores morais. Podemos usar mais de um critério na classificação do material a ser analisado. O importante é submetermos à análise todo o conjunto de material segundo os mesmos critérios.

Além de respeitarmos o princípio da homogeneidade para fazer uma categorização, as categorias devem ser:

a) exaustivas (estas devem dar conta de todo o conjunto do material a ser analisado; se um determinado aspecto não se enquadrar nas categorias, devemos formular outra categorização);

b) exclusivas (isso significa que um aspecto do conteúdo do material analisado não pode ser classificado em mais de uma categoria);

c) concretas (não serem expressas por termos abstratos que trazem muitos significados);

d) adequadas (em outras palavras, a categorização deve ser adaptada ao conteúdo e ao objetivo a que se quer chegar).

Segundo Bardin (1979), podemos realizar categorizações a partir de vários critérios: semânticos (categorias temáticas); sintáticos (categorias referentes a verbos, adjetivos, advérbios etc.); léxicos (ordenamento interno das orações); expressivos (*e.g.* categorias que se referem a problemas de linguagem).

Outro procedimento importante é a inferência. Fazemos inferência quando deduzimos de maneira lógica algo do conteúdo que está sendo analisado. Como diz Bardin, "o analista é como um arqueólogo" (Bardin, 1979, p. 39): trabalha com vestígios que se manifestam na superfície da mensagem. Assim, há necessidade de articularmos a superfície do material a ser analisado com os fatores que determinaram suas características. Richardson *et al.* (1985) definem a inferência como a

> operação pela qual se aceita uma proposição em virtude de sua relação com outras proposições já aceitas como verdadeiras (Richardson *et al.*, 1985, p. 177).

Assim, para que possamos fazer inferência, é importante partirmos de premissas já aceitas a partir de outros estudos acerca do assunto que estamos analisando.

A inferência é uma fase intermediária entre a descrição (enumeração das características do texto, resumida após tratamento analítico) e a interpretação (a significação concedida a essas características). Bardin (1979) sugere que façamos perguntas para conseguirmos fazer inferência, tais como: O que conduziu a um determinado enunciado? Quais as consequências que um determinado enunciado provavelmente ocasionará? Com outras palavras, a autora traz o seguinte questionamento clássico para se fazer inferência: "quem diz o que, a quem, como e com que efeito" (Richardson *et al.*, 1985, p. 177). Observamos que se o pesquisador não tiver um conhecimento a respeito do contexto do material a ser analisado e se não formular perguntas baseadas em estudos ou experiências prévias com o assunto, dificilmente conseguirá fazer inferências de seus achados de pesquisa.

As considerações de Bauer (2002) também podem nos ajudar a fazer inferência. Ele considera a análise de conteúdo como "uma técnica para produzir inferências de um texto focal para seu contexto social de maneira objetivada" (Bauer, 2002, p. 191). O mencionado autor, ao considerar a perspectiva simbólica do conteúdo de um material a ser analisado, observa que "um símbolo representa o mundo; esta representação remete a uma fonte e faz apelo a um público" (Bauer, 2002, p. 192). Ainda com base nesse autor, conseguimos fazer inferência quando caminhamos na reconstrução das representações, partindo da dimensão sintática ("como algo é dito", a exemplo da frequência de palavras, da sequência, do vocabulário e do estilo) para a dimensão semântica ("o que é dito", a exemplo de temas e avaliações).

No que se refere à interpretação, observamos que com esse procedimento procuramos ir além do material. E, com base nas inferências, discutimos os resultados da pesquisa numa perspectiva mais ampla, trabalhando na produção do conhecimento de uma área disciplinar ou de um campo de atuação. Assim, por intermédio desse procedimento, procuramos atribuir um grau de significação mais amplo aos conteúdos analisados.

Com base em Minayo (2006), podemos considerar que a interpretação consiste em relacionar as estruturas semânticas (significantes) com estruturas sociológicas (significados) dos enunciados presentes na mensagem. Nesse sentido, articulamos a superfície do texto descrita e analisada com os fatores que determinam suas características.

Para fazermos interpretação, além de termos como base as inferências que conseguimos realizar com os resultados da nossa pesquisa, precisamos também de uma sólida fundamentação teórica acerca do que é objeto de investigação. No ponto de vista do tratamento quantitativo, a aplicação de testes estatísticos pode ser uma base para a interpretação de resultados.

Chegamos a uma interpretação quando conseguimos realizar uma síntese entre: as questões da pesquisa; os resultados obtidos a partir da análise do material coletado, as inferências realizadas e a perspectiva teórica adotada.

4.2.3 Trajetória da análise de conteúdo temática

As obras que tratam da análise de conteúdo costumam apresentar as seguintes etapas: análise preliminar; exploração do material e tratamento dos resultados/inferência/interpretação. A partir da nossa experiência em pesquisa social, sugerimos uma trajetória de análise, descrita a seguir.

Inicialmente procuramos fazer uma exaustiva leitura compreensiva do conjunto do material selecionado. Trata-se de uma leitura de primeiro plano para atingirmos níveis mais profundos. Nesse momento, deixamo-nos impregnar pelo conteúdo do material. Por intermédio dessa leitura buscamos:

a) ter uma visão de conjunto;

b) apreender as particularidades do conjunto do material a ser analisado;

c) elaborar pressupostos iniciais que servirão de baliza para a análise e para a interpretação do material;

d) escolher formas de classificação inicial;

e) determinar os conceitos teóricos que orientarão a análise.

Na segunda etapa, realizamos uma exploração do material. Tratamos aqui da análise propriamente dita. Nesse momento, procuramos:

a) distribuir trechos, frases ou fragmentos de cada texto de análise pelo esquema de classificação inicial (escolhido na primeira etapa);

b) fazer uma leitura capaz de dialogar, em cada classe, com as partes dos textos da análise (parte do esquema);

c) identificar, mediante inferências, os núcleos de sentido apontados pelas partes dos textos em cada classe do esquema de classificação;

d) fazer dialogar os núcleos de sentido com os pressupostos iniciais e, se necessário, realizar outros pressupostos;

e) analisar os diferentes núcleos de sentido presentes nas várias classes do esquema de classificação para buscarmos temáticas mais amplas ou eixos em torno dos quais possam ser discutidas as diferentes partes dos textos analisados;

f) reagrupar as partes dos textos por temas encontrados;

g) elaborar uma redação por tema, de modo que se consiga dar conta dos sentidos dos textos e de sua articulação com os conceitos teóricos que orientam a análise.

Nessa redação podemos entremear partes dos textos de análise com nossas conclusões, com os dados de outros estudos e com os conceitos teóricos.

Como etapa final, elaboramos uma síntese interpretativa por meio de uma redação que possa dialogar com os temas, com os objetivos, com as questões e com os pressupostos da pesquisa.

4.2.4 Exemplo de análise e interpretação de conteúdos

A título ilustrativo, passamos a exemplificar como trabalharíamos com uma pesquisa hipotética acerca da "representação feminina quanto ao uso do preservativo". O objetivo seria analisar as representações de mulheres quanto ao uso do preservativo na prevenção da Aids, identificando como mulheres de classes populares se situam diante dessas representações.

Em termos de fundamentação teórica, a pesquisa se basearia nos conceitos de hegemonia, contra-hegemonia, senso comum e bom-senso da teoria de Gramsci[4].

O desenho de pesquisa seria baseado no tratamento qualitativo da pesquisa social, envolvendo a realização de entrevistas abertas, em que perguntaríamos: O que as mulheres pensam a respeito do uso do preservativo na prevenção da Aids? O registro produzido a partir da transcrição das entrevistas seria analisado segundo a técnica de análise de conteúdo, na modalidade temática. As mulheres seriam acessadas a partir de princípios de amostra de conveniência da pesquisa qualitativa.

Findada a leitura compreensiva do conjunto do material coletado, suponhamos que um dos nossos pressupostos seja que as representações acerca do uso do preservativo estão associadas a papéis de gêneros presentes no senso comum. Um dos princípios da nossa categorização seria classificar os depoimentos a partir das ideias associadas ao uso do preservativo e à percepção quanto à participação da mulher nesse uso.

---

4. Caso o leitor tenha interesse por esses conceitos, poderão ser consultadas as seguintes referências do autor: Gramsci (1981) e Coutinho (1989).

Suponhamos que, para trabalhar essa categoria escolhida, selecionássemos os seguintes fragmentos dos depoimentos das mulheres (com nomes fictícios):

> 1) "Usar preservativo. Não, isso não... sei lá... acho que é ele [o companheiro] que deveria fazer isso" (Rosa).
>
> 2) "Eu acho que devemos usar. Às vezes, eu mesma compro a camisinha pra ele usar" (Violeta).
>
> 3) "Se ele usar isso comigo é porque ele tem outra ou porque não confia em mim" (Magnólia).
>
> 4) "É a gente [se referindo a mulheres] que tem que usar? Não uso, não" (Margarida).
>
> 5) "Se eu pedir para ele usar, o que ele vai pensar de mim? Que eu sou piranha?" (Dália).
>
> 6) "Acho que ele não usa porque só transa comigo" (Hortência).

Se fôssemos fazer uma descrição desses fragmentos de depoimentos poderíamos dizer o seguinte:

> Em geral, as entrevistadas expressam que não usam o preservativo. Apenas uma expressa tal prática. A responsabilidade do uso para quase todas recai sobre o homem. Por outro lado, o uso do preservativo pode comprometer a relação do casal.

Continuando o exercício que nos remete aos núcleos de sentido desses fragmentos de depoimentos, escolheríamos – com base na bibliografia que trata do assunto – a seguinte premissa:

> No imaginário social, em termos de papéis sexuais, o homem é visto como ativo, enquanto a mulher é passiva.

Identificaríamos os seguintes núcleos de sentido:

- Uso do preservativo como responsabilidade masculina (depoimentos 1 e 4).
- Uso do preservativo como responsabilidade partilhada (depoimento 2).
- Uso do preservativo associado às relações extraconjugais (depoimentos 3 e 6).
- Uso do preservativo associado ao sexo com prostitutas (depoimento 5).

Se fôssemos classificar esses núcleos de sentidos numa categorização mais ampla, compondo temas (como eixos norteadores para a discussão dos resultados), poderíamos apontar duas temáticas:

- A responsabilidade do uso do preservativo centrada no homem.
- O preservativo como indicador das relações sexuais escusas.

A partir da inferência, baseados em nossa premissa, e com esses núcleos de sentido, poderíamos ter a seguinte redação:

Em geral, o uso do preservativo, segundo a ótica das mulheres estudadas, só acontece quando a iniciativa parte do homem. No conjunto dos depoimentos, uma delas parece não aceitar tal posicionamento. Os sentidos em torno dos quais os depoimentos giram – responsabilidade masculina, preservativo associado às relações extraconjugais e preservativo associado ao sexo com a prostituição – refletem papéis que o senso comum atribui ao que significa ser homem. No entanto, isso não significa que não haja espaço para que mulheres vejam o uso do preservativo como uma tarefa compartilhada entre homens e mulheres nas relações sexuais.

Na síntese interpretativa, baseada em conceitos da teoria de Gramsci, teríamos a seguinte redação:

Tema: a responsabilidade do uso do preservativo centrada no homem

O uso do preservativo está relacionado à hegemonia do homem sobre as mulheres. No senso comum, as mulheres costumam representar o seu uso como de responsabilidade masculina, uma vez que são os homens que estabelecem as regras da sexualidade. Portanto, a iniciativa de usar ou não o preservativo é de competência quase que exclusiva deles. Entretanto, não se pode negar a existência de posições contra-hegemônicas que podem transformar senso comum num bom-senso no qual, nas relações de força, a mulher administre o exercício da sexualidade no sentido de prevenir doenças sexualmente transmissíveis como a Aids.

Tema: o preservativo como indicador da sexualidade em risco

No campo das representações do preservativo, destaca-se aquela que faz uma associação – quase mecânica – desse uso a situações percebidas como escusas, a exemplo das relações extraconjugais e da relação sexual com prostitutas. Nesse sentido, o uso do preservativo pode representar algo que não faz parte das relações sexuais consideradas estáveis. Entretanto, apesar dessa representação acerca do uso do preservativo, não se pode desconsiderar a possibilidade da existência de outras representações que concorrem com essa que é mais comumente estabelecida. Nesse sentido, em algumas situações o uso do preservativo pode ser aceito, na medida em que se considere a possibilidade de que as relações sexuais ocorram – de forma desejada ou não – fora do compromisso de fidelidade entre os parceiros. Trata-se de um posicionamento não hegemônico que flexibiliza os compromissos assumidos no espaço de uma relação desejada como duradoura frente a possíveis deslizes ocorridos por conta da não administração do desejo erótico.

Evidentemente que esse exemplo não traz a complexidade, tampouco a densidade, de uma pesquisa real. Com esse exemplo, seguindo um tratamento didático, apenas ilustramos passos da técnica de análise de conteúdo temática. Trata-se de uma tentativa de concretizarmos conceitos ou ideias que, para quem está iniciando no ofício da pesquisa, são abstratos ou distantes de seu campo perceptivo.

4.3 O método de interpretação dos sentidos

4.3.1 Bases do método

A primeira questão que pode surgir frente ao título desta proposta de interpretação é: Por que *método* e não *técnica*? Preferimos a primeira expressão com base na concepção de Bruyne *et al.* (1991) que situam o método para além da técnica. Segundo os autores, um método envolve quatro polos:

a) epistemológico (a dimensão crítica que avalia se uma produção é ou não científica, a partir de um modelo de ciência, promovendo ruptura entre os objetos científicos e o senso comum);

b) teórico (conceitos e princípios que orientam a interpretação);

c) morfológico (regras de estruturação do objeto de investigação);

d) técnico (controle da coleta de dados e a confrontação e sua confrontação com a teoria que os suscitou).

Ainda para os autores mencionados, a "interação dialética desses diferentes polos constitui o conjunto de práticas metodológicas" (Bruyne *et al.*, 1991, p. 36).

Nossa proposta de interpretação de dados de pesquisa qualitativa – aqui denominada de *método de interpretação de sentidos* – trata de uma

> perspectiva das correntes compreensivas das ciências sociais que analisa: a) palavras; b) ações; c) conjunto de inter-relações; d) grupos; e) instituições; f) conjunturas, dentre outros corpos analíticos (Gomes *et. al.*, 2005, p. 202).

Dentro dessa perspectiva, ressaltamos duas concepções que nos ajudam a fundamentar este método. A primeira delas se refere à teoria da interpretação da cultura, tal como fora sistematizada por Clifford Geertz (1989), e a segunda diz respeito ao diálogo entre as concepções hermenêutica e dialética.

Para Geertz (1989), com base em Max Weber, "*o homem é um animal amarrado a teias de significados que ele mesmo teceu*" (Geertz, 1989, p. 15). Essas teias ou estruturas de significados, segundo ele, são socialmente estabelecidas. Ao sintetizarem a concepção desse autor, Gomes *et al.* (2005) observam que:

> [...] a cultura são essas intrincadas teias e a sua interpretação pelos que a vivem e, ao mesmo tempo, produzem estruturas de significados socialmente estabelecidos. A interpretação seria, portanto, a compreensão dessas estruturas dentro de sua base social e material. A dialética entre as interpretações e re-interpretações dos diferentes atores sociais que interagem dentro das condições objetivas em determinado espaço e tempo é a contextualização (Gomes *et al.*, 2005, p. 203-204).

Em outra obra, Geertz (2001) nos traz uma discussão quanto à relação entre ciência e interpretação, observando que os tratamentos interpretativistas tratam "*da ciência não como um precipitado social opaco, mas como uma ação social provida de sentido*" (Geertz, 2001, p. 141). Essas considerações reforçam o nosso posicionamento de definirmos este método como um caminho para chegarmos aos sentidos.

Ainda quanto ao posicionamento de Geertz, salientamos os conceitos de *ethos* e de *visão de mundo*. Em relação ao primeiro conceito, o autor o define como os aspectos morais, valorativos e estéticos de uma dada cultura. Já o segundo é visto por ele como o conjunto dos aspectos cognitivos e existenciais. Assim:

> O *ethos* de um povo é o tom, o caráter e a qualidade de sua vida, seu estilo moral e estético e sua disposição, é a atitude subjacente em relação a ele mesmo e ao seu mundo que a vida reflete. A visão de mundo que esse povo tem é o quadro que elabora das coisas como elas são na simples realidade, seu conceito da natureza, de si mesmo, da sociedade. Esse quadro contém suas ideias mais abrangentes sobre a ordem (Geertz, 1989, p. 143-144).

Esses conceitos poderão orientar nossa interpretação, uma vez que, conjugados, ajudam-nos a teorizar acerca dos sentidos da vida social.

Para situarmos os dados de uma pesquisa como reflexos de uma cultura podemos recorrer ao posicionamento de Thompson (1998). Segundo o autor, trabalhar com a cultura significa, antes de tudo, trabalhar com formas simbólicas. Para ele, as formas simbólicas:

a) expressam os propósitos daqueles que as produzem ou as reproduzem;
b) são constituídas a partir de regras, de códigos e de convenções;
c) são estruturais, porquanto expressam modelos;
d) representam algo ou alguma coisa diferente de si próprias;
e) inserem-se em processos e construções sócio-históricas específicas.

Com base nessas características, conceber os dados de uma pesquisa como formas simbólicas significa situá-los como intencionais, convencionais, estruturais, referenciais e contextuais.

Outra importante base para o nosso método é a discussão que procura articular as perspectivas hermenêutica e dialética. Segundo Bleicher (1980), a hermenêutica – expressão associada a Hermes, a divindade que transmitia as mensagens dos deuses aos mortais – pode ser vista como "*teoria ou filosofia da interpretação do sentido*" (Bleicher, 1980, p. 13). Já Gadamer (1992) a define como "*arte de compreender textos*" (Gadamer, 1992, p. 262). Com base no pensamento desse autor, Minayo (2002) observa que o ato de compreender caminha na direção de interpretar e estabelecer relações para chegar a conclusões. Arrematando o seu pensamento, a mencionada autora considera que a hermenêutica – ao caminhar entre aquilo que é familiar e o que é estranho – busca "*esclarecer as condições sob as quais surge a fala*" (Minayo, 2002, p. 92).

Habermas (1987) reconhece a importância da hermenêutica, mas a concebe ao lado do pensamento crítico (dialético). A articulação entre essas duas perspectivas pode ser útil para o método de interpretação, uma vez que, a partir dela, poderemos, ao mesmo tempo, caminhar no desvendamento do significado consensual daquilo a que nos propomos interpretar a fim de estabelecermos uma crítica acerca dos dissensos e das contradições dos significados e quanto às suas relações com o contexto (cf. Minayo, 2002, 2014).

Minayo (2002; 2014), fazendo uma reflexão densa acerca do diálogo entre hermenêutica (compreensão) e dialética (crítica), nos traz princípios que podem servir de baliza para a operacionalização do *método de interpretação de sentidos*. Dentre esses princípios, ressaltamos que, para que possamos interpretar nossos dados, é preciso:

a) buscar a lógica interna dos fatos, dos relatos e das observações;

b) situar os fatos, os relatos e as observações no contexto dos atores;

c) produzir um relato dos fatos em que seus atores nele se reconheçam.

Além dessa base teórica, também usamos o conceito de inferência de Bardin (1979), que já foi trabalhado na primeira proposta de análise.

4.3.2 *Caminhos para a interpretação*

Como já observamos na introdução deste texto, a trajetória analítico-interpretativa que se segue é produto da experiência de pesquisa que acumulamos no Centro Latino-americano de Estudos de Violência e Saúde – Ensp/Fiocruz, ao longo de mais de dez anos. Nesse caminho, demarcamos que os métodos de interpretação de sentidos não são necessariamente excludentes, tampouco sequenciais, de modo que pode haver uma interpenetração entre elas.

4.3.3 *Leitura compreensiva do material selecionado*

Com essa etapa, buscamos, de um lado, ter uma visão de conjunto e, de outro, apreender as particularidades do material. Depois dessa leitura, devemos ser capazes tanto de montar uma estrutura que serve de base para a nossa interpretação como descrever o material a partir da perspectiva dos atores, das informações e das ações coletadas. A montagem da estrutura de análise envolve sucessivas categorizações e distribuições das unidades que compõem o material. As categorias (ou "gavetas") podem ser elaboradas a partir de diferentes critérios. Podemos adotar várias classificações para distribuirmos o material da pesquisa. Duas delas são as mais comuns: por *segmentos* de atores, de ações ou de depoimentos da pesquisa (como, por exemplo, usuários de um serviço de saúde e profissionais de saúde desse mesmo serviço) e por *gênero* dos atores (homens e mulheres). Vários tipos de agrupamentos poderão existir numa mesma estrutura de análise. Observamos que as "*estruturas para a análise do material qualitativo são uma construção teórica*" (Gomes *et al.*, 2005, p. 190). Nesse empreendimento, ancoramo-nos numa fundamentação teórica e nas especificidades do material.

4.3.4 Exploração do material

Nesta etapa é de fundamental importância sermos capazes de ir além das falas e dos fatos ou, em outras palavras, caminharmos na direção do que está explícito para o que é implícito, do revelado para o velado, do texto para o subtexto. Para isso, seguimos a seguinte trajetória:

a) identificação e problematização das ideias explícitas e implícitas no texto (a problematização pode ocorrer por intermédio de questionamentos que fazemos ao material de que dispomos);
b) busca de sentidos mais amplos (socioculturais) atribuídos às ideias;
c) diálogo entre as ideias problematizadas, informações provenientes de outros estudos acerca do assunto e o referencial teórico do estudo.

4.3.5 Elaboração de síntese interpretativa

Esta etapa é o ponto de chegada da interpretação propriamente dita. Na etapa anterior, seguimos o princípio da decomposição do conjunto do material da pesquisa em unidades, enquanto nesta procuramos caminhar na direção de uma síntese. Isso é possível quando trabalhamos com os sentidos mais amplos que traduzem a lógica do conjunto do material. Para que tenhamos êxito nessa síntese interpretativa devemos fazer sobretudo uma articulação entre os objetivos do estudo, a base teórica adotada e os dados empíricos.

4.3.6 Exemplo de interpretação de sentidos

A fim de exemplificarmos as etapas do método de interpretação de sentidos, apresentamos parte de depoimentos de uma pesquisa (cf. Gomes, 2004) realizada na cidade do Rio de Janeiro com homens de baixa escolaridade e com os que completaram o ensino superior. Neste recorte da pesquisa, ressaltamos como objetivo: "analisar os sentidos atribuídos a ser homem". A nossa base conceitual para essa análise foi desenvolvida em torno do conceito de masculinidade hegemônica (modelo predominante numa determinada cultura). Nosso pressuposto inicial era que, independentemente do seu grau de instrução, homens lançam mão de um modelo de masculinidade que circula no senso comum, seja para definir o que é ser homem, seja para se contrapor a esse modelo. Na coleta de informações, trabalhamos com entrevista semiestruturada e com narrativas. Aqui, exemplificaremos nosso método com algumas respostas para a questão "*o que é ser homem?*"

Primeira etapa

Fizemos uma leitura compreensiva, visando a: impregnação dos depoimentos; visão de conjunto; e, por fim, apreensão das particularidades do material da pesquisa original. Findada essa leitura, identificamos temas que poderiam expressar os depoimentos dos entrevistados. Aqui só ilustraremos com um tema ("ser homem").

Segunda etapa

Com base na estrutura de análise montada por temáticas, recortamos trechos de depoimentos e neles identificamos as ideias explícitas e implícitas. Assim, teríamos a seguinte estrutura de análise para o tema "ser homem".

Grupo I (Homens com nenhuma ou baixa escolaridade)	
Depoimentos (nomes fictícios)	Ideias
"*Ele tem que procurar mulher*" (Alberto).	Procura de mulher
"*Tem homens [...] delicados e outros não [...] Tem homem amoroso [e] tem um que não é [...] Tem homem que é agressivo [...] outro já é mais calmo*" (Almir).	Delicadeza Amor Agressividade Calma
"*[Tem que ter] responsabilidade [...] nas suas tarefas, suas atitudes [...] ter palavra, ter moral*" (Almir).	Responsabilidade Moral
Grupo II (Homens com ensino superior)	
Depoimentos (nomes fictícios)	Ideias
"*Eu não descarto até que eu tenha essa parte feminina [...] eu acho que todo homem tem e tem que [...]*" (Marcelo).	Feminino no masculino
"*A constituição física é diferente [...] os hormônios que correm são diferentes [...] por isso [...] algumas sensações também são diferentes*" (Marcos).	Diferença do feminino
"*A reação masculina [...] é muito mais física em situações de limite do que a feminina*" (Mário).	Agressividade
"*Eu descobri que o homem podia chorar [...] podia ter sentimentos [...], mas dentro de uma ação [...] de natureza sigilosa*" (Miguel).	Sentimento
"*[Ter] um companheiro igual a ele mesmo [...] não deixa de ser homem também [...]. Mas tem a vida deles [...] meio isolada*" (Maurício).	Gosto por outro homem
"*Ter um comportamento ético*" (Mário).	Ética

Depois de identificarmos as ideias presentes nos depoimentos, fizemos questionamentos no sentido de problematizar as ideias:

a) Acaso as ideias se diferenciam por grupos?

b) Há pontos comuns entre os grupos?

c) Há contradições entre eles?

Na pesquisa havia outras questões. As respostas para essas questões nos permitiram encontrar eixos orientadores para a interpretação. Por meio dessas questões faríamos inferências para chegarmos à interpretação dos sentidos atribuídos ou subjacentes às ideias.

Terceira etapa

Neste momento, buscamos sentidos mais amplos que articulam modelos subjacentes às ideias. Para isso fizemos diálogos entre:

a) a fundamentação teórica adotada, informações provenientes de outros estudos acerca do assunto e os depoimentos;

b) os depoimentos e seus contextos;

c) depoimentos e observações que registramos no trabalho de campo;

d) objetivo/pressuposto da pesquisa e ideias presentes nos depoimentos.

Ilustrando o resultado dessa etapa, apresentamos o seguinte texto (resumo da nossa síntese interpretativa acerca do que é ser homem):

Em geral, independentemente do grau de instrução, os sujeitos revelam uma certa ambiguidade, oscilando entre ideias do senso comum acerca da masculinidade e críticas dessas ideias para elaborarem seus discursos acerca do ser homem. Seguindo essa lógica, de um lado, trazem em suas falas que homens são diferentes da mulher, devem procurá-las sexualmente; são fortes e agressivos. Por outro lado, apontam para diferentes estilos de masculinidade, considerando que na instância do masculino também há sentimentos associados ao feminino, ainda que a expressão desses sentimentos possa sofrer interdições. O ser homem também se associa a valores morais e éticos. Entre os entrevistados com o ensino superior, a homossexualidade é mais tolerada, embora nem sempre se consiga vivê-la socialmente. Em síntese, os homens dos dois grupos apresentam ideias alternativas àquelas predominantes no senso comum quanto ao ser homem. Eles reforçam a existência das masculinidades, no plural, apontando para uma coexistência entre a masculinidade hegemônica e as masculinidades alternativas.

4.4 Considerações finais

À primeira vista, as duas propostas para trabalhar com dados de pesquisas qualitativas podem ser vistas como parecidas. Isso, em parte, pode ocorrer porque a análise de conteúdo aqui apresentada é uma adaptação da técnica original, a qual transcende os conteúdos manifestos, aportando um referencial interpretativo. Isso a faz se aproximar mais do segundo método. Por outro lado, devido ao espaço de que dispomos, apresentamos exemplos das duas propostas de uma forma demasiado resumida, e isso pode fazer com que as diferenças entre os métodos sejam pouco demarcadas.

Entretanto, se não tivermos um olhar apressado em relação às duas propostas, verificaremos que o método de interpretação de sentidos é uma tentativa de avançarmos mais na interpretação, caminhando além dos conteúdos de textos na direção de seus contextos a fim de revelar as lógicas e as explicações mais abrangentes presentes numa determinada cultura acerca de um determinado tema. Nesse método, é de fundamental importância que estabeleçamos confrontos entre: dimensão subjetiva e posicionamentos de grupos; texto e subtexto; texto e contexto; falas e ações mais amplas; cognição e sentimento, dentre outros aspectos. Nele, ancorados numa base teórica conceitual que procura articular concepções da filosofia e das ciências sociais, tentamos caminhar tanto na compreensão (atitude hermenêutica) quanto na crítica (atitude dialética) dos dados gerados de uma pesquisa.

Junto a essas considerações, observamos que este capítulo deve ser visto como uma primeira aproximação da interpretação de dados de pesquisa qualitativa. Para avançarmos nesse empreendimento, outras leituras se fazem necessárias. Nesse sentido, para um maior domínio da análise de conteúdo, salientamos nas referências os textos de Bardin (1979) e de Bauer (2002). O primeiro é uma obra clássica acerca do assunto porquanto apresenta histórico, conceitos, exemplos de pesquisas e modalidades de análise de conteúdo. O segundo traz uma reflexão atual da técnica, ampliando a discussão acerca do assunto. Já no que se refere ao método de interpretação de sentidos, ressaltamos os textos de Minayo (2006) e Gomes *et al.* (2005). No primeiro há uma reflexão densa acerca da hermenêutica dialética que serve de base para o método, enquanto no segundo há uma sistematização de uma proposta de interpretação, a qual se baseia na leitura da obra de Minayo e na experiência dos autores num centro de pesquisa durante um período que ultrapassa uma década.

4.5 Referências

BARDIN, L. *Análise de conteúdo*. Lisboa: Ed. 70, 1979.

BAUER, M. Análise de conteúdo clássica: uma revisão. In: BAUER, M.; GASKELL, G. (orgs.). *Pesquisa qualitativa com texto, imagem e som*. Petrópolis: Vozes, 2002.

BLEICHER, J. *Hermenêutica contemporânea*. Lisboa: Ed. 70, 1980.

BRUYNE, P.; HERMAN, J.; SCHOUTHEETE, M. *Dinâmica da pesquisa em ciências sociais*. Rio de Janeiro: Francisco Alves, 1991.

COUTINHO, C. *Gramsci: um estudo sobre seu pensamento político*. Rio de Janeiro: Campus, 1989.

GADAMER, H. *Verdad y método II*. Salamanca: Sígueme, 1992.

GADAMER, H. *Verdade e método*. Petrópolis: Vozes, 1999.

GASKELL, G. Entrevistas individuais e grupais. In: BAUER, M.; GASKELL, G. (orgs.). *Pesquisa qualitativa com texto, imagem e som*. Petrópolis: Vozes, 2002. p. 64-89.

GEERTZ, G. *A interpretação das culturas*. Rio de Janeiro: Livros Técnicos e Científicos, 1989.

GOMES, R. *A construção da masculinidade como fator impeditivo do cuidar de si*. Rio de Janeiro: IFF/Fiocruz, 2004.

GOMES, R. *et al.* Organização, processamento, análise e interpretação de dados: o desafio da triangulação. In: MINAYO, M.; ASSIS, S.; SOUZA, E. (orgs.). *Avaliação por triangulação de métodos: abordagem de programas sociais*. Rio de Janeiro: Fiocruz, 2005.

GRAMSCI, A. *Concepção dialética da história*. Rio de Janeiro: Civilização Brasileira, 1981.

HABERMAS, J. *Dialética e hermenêutica*. São Paulo: L&PM, 1987.

MINAYO, M. Hermenêutica-dialética como caminho do pensamento social. In: MINAYO, M.; DESLANDES, S. (orgs.). *Caminhos do pensamento: epistemologia e método*. Rio de Janeiro: Fiocruz, 2002.

MINAYO, M. *O desafio do conhecimento: pesquisa qualitativa em saúde*. 14. ed. rev. e aprimorada. São Paulo: Hucitec, 2006.

RICHARDSON, R. *et al. Pesquisa social: métodos e técnicas*. São Paulo: Atlas, 1985.

THOMPSON, J. *Ideologia e cultura moderna: teoria social e crítica na era dos meios de comunicação de massa*. Petrópolis: Vozes, 1998.

WOLCOTT, H. *Transforming qualitative data: description, analysis, and interpretation*. Londres: Sage, 1994.

EDITORA VOZES LTDA.
Rua Frei Luís, 100 – Centro – Cep 25689-900 – Petrópolis, RJ
Tel.: (24) 2233-9000 – E-mail: vendas@vozes.com.br